Das Deutschbuch

Berufliches Gymnasium/Fachgymnasium

Prüfungsvorbereitung

Arbeitsheft mit Lösungen

Herausgegeben von
Martina Schulz-Hamann

Erarbeitet von
Thomas Rahner, Petra Schappert,
Martina Schulz-Hamann, Claudette Suckrau
in Zusammenarbeit mit der Verlagsredaktion

Cornelsen

Inhaltsübersicht

Vorwort

Motivation

Sie besuchen die Oberstufe eines beruflichen oder allgemeinbildenden Gymnasiums und möchten sich auf Klausuren vorbereiten oder Prüfungswissen aufarbeiten. Dazu wird Ihnen dieses Arbeitsheft mit Aufgaben und entsprechenden Lösungen Hilfestellung leisten.

Denken Sie daran, selbst in hohem Alter sind Prüfungen noch zu bewältigen.

Urgroßmütter holen Schulabschluss nach

Washington. (dpa) Für die Reifeprüfung ist es nie zu spät: Zwei Urgroßmütter haben in den USA ihren High-School-Abschluss nachgeholt, rund sieben Jahrzehnte nachdem sie aus Geldmangel die Simon-Gratz-Schule in Germantown (US-Staat Pennsylvania) verlassen mussten.
„Man muss tun, was man tun muss", meint Dorothy Watson McAuley (83), die zwei Kinder, drei Enkel und zwei Urenkel hat. „Mein Vater wollte damals, dass ich in seinem Laden mitarbeite, also habe ich das gemacht." Sie musste die Schule im Jahr 1941 abbrechen, die 91-jährige Marion Goldsmith Klarman, die heute zwei Kinder, neun Enkel und zwölf Urenkel hat, schon fünf Jahre zuvor. Klarman spielt nun mit dem Gedanken, noch an die Uni zu gehen und zu studieren.

(Rhein-Neckar-Zeitung, 20./21.06.2009)

Die ehemalige Schulabbrecherin Dorothy Watson McAuley – 83-jährig, zwei Kinder, drei Enkel, zwei Urenkel – sagt nach ihrer spät nachgeholten Reifeprüfung: „Man muss tun, was man tun muss." Wir gehen davon aus, dass Sie um einiges jünger sind als die Amerikanerin, dennoch verbindet Sie etwas. Sie wollen ebenfalls Ihren Schulabschluss, Ihr Abitur ablegen. Die Aufgaben dieses Arbeitsheftes helfen Ihnen, Ihrem Ziel näher zu kommen.

Der Weg fällt einem manchmal leicht, bisweilen schwer und ab und an kommt einem alles fast unüberwindbar vor. Geben Sie nicht auf, auch wenn Sie solch einen Tag erwischt haben, an dem Sie unentwegt auf das weiße Blatt oder die Aufgabenstellung starren. Wie wäre es an solch einem Tag mit folgenden Tipps?

Hürden nehmen

Es ist schwer, auf Anhieb einen perfekten Text zu schreiben. Einzelne Schritte gelingen leichter. Bisweilen hilft es, die Aufgabe in Teilschritten anzugehen und so Schritt für Schritt die Hürde zu nehmen.

- Sammeln Sie zunächst einmal Ihre ersten Gedanken. Beachten Sie unbedingt die Operatoren bei den Arbeitsanweisungen. Wenn Sie sich hier unsicher sind, vergewissern Sie sich noch einmal über deren Bedeutung auf den Seiten 94 – 95. Ihre Gedanken zu einer Aufgabe können Sie zum Beispiel auch in Form einer Mindmap visualisieren.
- Formulieren Sie als Fazit Ihrer Überlegungen eine These. Je kürzer und griffiger diese ist, desto eher werden Sie einen roten Faden für Ihren Aufsatz finden.
- Erstellen Sie eine Gliederung für Ihren Text, indem Sie Ihre bisherige gedankliche Vorarbeit ordnen.
- Formulieren Sie den Text auf der Grundlage Ihrer Gliederung.
- Überarbeiten Sie Ihren Text in mehreren Durchgängen, in denen Sie zunächst den Aufbau und die logische Verknüpfung ins Visier nehmen.

In sieben Schritten trainieren Sie in jedem Kapitel die Bearbeitung der vorliegenden Aufgaben. Auf der Innenseite des Umschlags können Sie noch einmal die Abfolge der Trainingsschritte nachlesen und erfahren, wie Sie mit diesem Heft arbeiten können. Sollte eine Aufsatzart für die Oberstufe und das Abitur in Ihrem Bundesland nicht relevant sein, überspringen Sie dieses Kapitel.

Viel Erfolg bei Ihrer Arbeit wünschen Ihnen alle, die an der Gestaltung dieses Arbeitsheftes beteiligt waren.

Kommunikation: Dialoganalyse

Die Aufgabe

Analysieren Sie den Dialog unter Einbeziehung kommunikationstheoretischer Aspekte. Berücksichtigen Sie besonders folgende Punkte:
- **Beurteilen Sie das sprachliche Verhalten der Kommunikationspartner und beziehen Sie den situativen Kontext sowie den Inhalts- und Beziehungsaspekt mit ein.**
- **Bestimmen Sie, ob es sich um eine symmetrische oder komplementäre Kommunikation handelt, und zeigen Sie auf, welche Konsequenzen sich daraus ergeben.**
- **Beschreiben Sie die Intention des Autors und beurteilen Sie die Aktualität des Themas.**

Die Aufgabe verstehen

Diese Überlegungen helfen Ihnen, die Aufgabe zu bearbeiten:
- den Inhalt des Dialogs wiedergeben und dessen Entwicklung analysieren
- die sprachlichen Mittel und ihre Wirkung bestimmen
- den Inhalts- und Beziehungsaspekt untersuchen
- die Beziehung der Personen zueinander beschreiben und analysieren
- die komplementäre oder symmetrische Anlage des Dialogs untersuchen
- die Intention des Textes darstellen

Die Dialoganalyse vorbereiten

In seinem Theaterstück „Top Dogs"[1] von 1997 führt Urs Widmer entlassene Spitzenmanager aus der Wirtschaft zusammen. Sie treffen bei der „New Challenge Company"[2] (NCC) aufeinander, die arbeitslose Führungskräfte im Auftrag ihres ehemaligen Unternehmens bei der beruflichen Neuorientierung unterstützt. In der 1. Szene begrüßt Frau Wrage, ehemalige Finanzanalystin und jetzige Vertreterin der NCC, im Beisein anderer arbeitsloser Manager Herrn Deér als neuen Klienten.

1 *Lesen Sie den Text.*

Urs Widmer: Top Dogs, 1. Szene (Auszug)

WRAGE Sehr gut! Was leistet unsere Organisation, und wie leistet sie es? Als wir vor zehn Jahren hier in der Schweiz unsere Tätigkeit aufnahmen, waren wir ein Nischenprodukt in einer intakten Arbeitswelt. Zwar war die Hochkonjunktur am Abklingen, darum ja unsere Anstrengungen, uns auch am Schweizer Markt zu positionieren, aber in den Köpfen des mittleren und höhern Kaders[3] gab es noch kaum irgendwelche Gedanken an einen möglichen Verlust des Arbeitsplatzes.
DEÉR Ja, ja. Wir restrukturieren ja auch massiv. Grad nochmals tausendzweihundert Stellen abgebaut. Aber nicht in meinem Bereich. Das Catering ist stabil.
WRAGE Ja.
DEÉR Einzelne Fluktuationen allenfalls.
WRAGE Gut. – 1986 vermittelten

1 Top Dogs: Vom norwegischen Soziologen Johan Galtung (geb. 1930) geprägte Bezeichnung für Menschen, die an der Spitze der gesellschaftlichen Hierarchie stehen (Gegensatz: Underdogs)
2 challenge, engl.: Herausforderung. Bestandteil des von Widmer eingeführten Firmennamens
3 Kader: Gruppe der Führungskräfte in Politik, Wirtschaft, Sport

wir ganze fünfzehn Herren! Waren bereits zwei Damen unter den Herren. *Kleine Heiterkeit.* Heute haben wir mehr als neunhundert Klientinnen und Klienten per annum[4], und wir haben unsre Tätigkeit auch auf nicht deutlich qualifizierte Arbeitsplätze aus dem untern Segment ausgedehnt. Wir bieten jetzt dreitägige Crash-Programme in Gruppen an, für eine erfolgreiche berufliche Neuorientierung auch im Low-Salary-Bereich.

DEÉR Die da?

WRAGE Nein, nein. Die Damen und Herren haben alle der Leitungsebene angehört. „Top Dogs". Ihre Preisklasse, wenn ich das mal so flapsig sagen darf. Unser Kerngeschäft bleibt die intensive Arbeit mit Klienten wie Ihnen. *Deér versteht »wie ihnen«, das heißt wie mit denen da, nickt anteilnehmend.* Wir führen sogar das Senior-Executive-Programm, das von Konzernchefs in Anspruch genommen wird. Stellenlos gewordene Persönlichkeiten der Führungsspitze.

DEÉR Musste ja selber Mitarbeiter entlassen. Als wir das Catering auslagerten, neunzehn-zweiundneunzig, haben wir mehr als tausend Stellen abgebaut. Gute Leute, waren zum Teil seit Jahren dabei gewesen. Ist ein menschliches Problem, so was. Andererseits, im Kader, das ist einfach im Anforderungsprofil, so was wegstecken zu können.

WRAGE Ich muss sagen, Herr Deér. Chapeau![5] Aber eigentlich schüttelt es jeden. *Pause.* Entscheidend für unsre erfolgreiche Arbeit ist, dass diese immer und in jedem Fall vom ehemaligen Arbeitgeber finanziert wird. Dabei berechnen wir ganz bewusst eine Pauschale und nicht etwa ein Honorar, das sich nach der Vermittlungsdauer richtet. Denn so haben auch WIR ein vitales Interesse daran, unsere Klienten schnell zu platzieren. Und optimal. Wir garantieren, sie ins Programm zurückzunehmen, wenn es mit dem neuen Arbeitgeber innerhalb eines Jahres zu Unstimmigkeiten kommen sollte.

DEÉR *vertraulich* Denen da geb ich keine Chance. Zu alt, zu unbeweglich, zu teuer.

WRAGE Sagen Sie das nicht. Wir hatten einen Herrn, Mitte fünfzig, der tauchte fünfmal wieder hier auf. Zuerst dachten wir, es liege an uns. Dann, dass es doch an ihm liegen könnte. Aber nein. Heute ist er Direktor eines führenden Touristikunternehmens und verbringt die meiste Zeit an sonnenüberfluteten Sandstränden. *Heiterkeit.*

DEÉR Ist bei mir nicht drin, Ferien. Bin ja ursprünglich Maschineningenieur. Workaholic. Dass ich bei der Swissair gelandet bin, an der Front zuerst, dann im Catering, hat sicher damit zu tun. Sechzehnstundentage. Wer beim Catering dabei sein will, muss Tag und Nacht am Ball sein. „Lead, follow or get out of the way", nicht wahr. *Lacht.*

WRAGE Gut. Wie im Konkreten läuft also unsre gemeinsame Arbeit ab? Wir stellen unsern Klienten hier eine Infrastruktur zur Verfügung, ähnlich der, die sie von ihrem frühern Arbeitgeber her gewöhnt sind. Computer, Fax, Telefon, Sekretariat für alle Schreibarbeiten, Fachliteratur, Kaffeemaschine und und und. Stellensuche ist ein Full-time-Job. Das werden Sie bald feststellen

DEÉR Ja, sicher. *Schweigen.* Kann ich mir vorstellen. *Schweigen.* Wieso werde ich das bald feststellen?

WRAGE Ja was denken Sie, weshalb Sie hier sind, Herr Deér?

DEÉR Sagte ich Ihnen. Ich soll in Erfahrung bringen, inwieweit wir

Urs Widmer, geboren 1938 in der Schweiz, lebte lange Jahre in Frankfurt, wo er Feuilletonartikel für die „Frankfurter Allgemeine Zeitung" schrieb und als Dozent für neuere deutsche Literatur an der Universität lehrte. 1969 gründete er mit anderen Schriftstellern den „Verlag der Autoren", in dem seine Werke (Erzählungen, Essays, Hörspiele, Romane, Theaterstücke) erscheinen. Seit 1984 arbeitet er als freier Schriftsteller in Zürich.

4 per annum, lat.: pro Jahr
5 Chapeau!, frz.: Hut ab!

unsre Arbeitsbereiche füreinander nutzbar machen können.

WRAGE Wieso wohl zahlt Ihre Firma dreißigtausend Franken dafür?

DEÉR Wofür?

WRAGE Sie sind entlassen worden! Herr Deér! Entlassen!

DEÉR Ich??!

WRAGE Ja. Sie.

DEÉR Entlassen? – Hören Sie. Das hätte man mir gesagt.

WRAGE Man HAT es Ihnen gesagt!

DEÉR Wer? Wann?

WRAGE Sie haben es nicht gehört.

DEÉR Aber.

WRAGE Nicht verstanden.

DEÉR Aber das gibt es doch nicht, dass einer das nicht hört. Dass er entlassen worden ist.

WRAGE Doch. Oft. Kopf hoch, Herr Deér. Wir haben bis heute noch jeden Klienten vermittelt. Sozusagen jeden.

DEÉR Ich will Ihnen mal was sagen, liebe Frau Wrage. Natürlich hat sich die Swissair verändert in den knapp dreißig Jahren, die ich nun mal dabei bin. Ich sehe auch, was bei der Swissair läuft. Was wollen Sie? Eine Airline muss international kompetitiv[6] sein, ohne Heimatsentimentalität. Aber, Frau Wrage! Für uns langjährige Mitarbeiter ist die Swissair trotzdem so was wie die Schweiz selber. Immer noch. Kennen Sie das nicht, das Herzklopfen, wenn Sie in Bangkok plötzlich das Schweizerkreuz auf dem Flugfeld sehen? Die Swissair, das sind wir. Sie und ich. Das ist wie ein Körper. Ich bin die Hand oder das Bein, das können Sie nicht einfach so wegamputieren. Wer bei der Swissair ist, der ist daheim. Der arbeitet zu Hause, im eigenen Haus, für das Land, für uns alle. Wir sind eine Familie. Wir gehören alle zusammen. Auch wenn das Catering jetzt ein autonomer Bereich ist, wir sind Swissair-Männer und -Frauen. Einer wie ich ist bei der Swissair sein Leben lang. Sie können ja auch nicht sagen, der Vater, die Mutter, die Geschwister, die sind jetzt nicht mehr meine Familie. Die sind Ihr Schicksal.

WRAGE Herr Deér, jede Entlassung ist auch eine Chance. Sag ich den Damen und Herrn, hier auch immer wieder.

DEER Im Guten wie im Bösen.

WRAGE Die Unternehmen entlassen nicht nur, sie suchen auch. Verzweifelt! Mit der Lupe oft! Leistungsorientierte, flexible und belastbare Mitarbeiter. Mobil. Begeisterungsfähig. Wie Sie, Herr Deér. Wie ein jeder und eine jede hier.

DEER Als ich anfing, flogen wir noch mit der Constellation. Wir waren Jahr für Jahr die airline number one. In meiner Zeit wurden die Destinationen[7] nach Afrika und Fernost massiv ausgebaut.

WRAGE Jetzt müssen wir das Vertrauen entwickeln, dass es für Sie in dem Maße leichter wird, Ihre Karrierefortsetzung erfolgreich zu gestalten, wie Sie sich durch den emotionalen Prozess der Enttäuschungsverarbeitung durcharbeiten. Verstehen wir uns, Herr Deér?

DEÉR Natürlich verstehen wir uns, Frau Wrage. Ich habe damals die Reorganisation im Catering selber maßgeblich begleitet. War sogar meine Initiative, kann man so sagen.

(1997)

6 kompetitiv: konkurrenzfähig

7 Destinationen: Zielorte

Den Inhalt erfassen und den Aufbau des Dialogs erkennen

1 *Fassen Sie den Dialog auf einem separaten Blatt kurz zusammen.*

2 *Gliedern Sie den Dialog unter Angabe der Zeilen in Abschnitte und formulieren Sie jeweils eine Überschrift.*

3 *Untersuchen Sie, welche reinen Sachinformationen auf der Inhaltsebene im Dialog ausgetauscht werden (siehe Basiswissen „Kommunikationstheorie Watzlawicks", S. 10). Nehmen Sie ein gesondertes Blatt.*

4 *Untersuchen Sie, welche Informationen auf der Beziehungsebene (vgl. Basiswissen „Kommunikationstheorie Watzlawicks") übermittelt werden.*

a) Frau Wrage

b) Herr Deér

5 *Beurteilen Sie, ob die Kommunikationspartner eine Verständigung erreichen.*

Analyse der sprachlichen Form

1 *Analysieren Sie die Sprache von Frau Wrage und Herrn Deér auf einem separaten Blatt.*

a) Untersuchen Sie, welchen Sprachkode sie und welchen er überwiegend benutzt. Belegen Sie dies nach einer Untersuchung der Wortwahl und des Satzbaus.

b) Untersuchen Sie, in welchen Passagen sich bei beiden Sprachmuster verändern.

c) Warum benutzen die Personen die jeweiligen Sprachmuster? Welche Wirkung wollen sie damit erzielen?

Basiswissen | **Kommunikationstheorie Watzlawicks / Eine Auswahl**

Nach Watzlawick findet Kommunikation sowohl auf der **Inhaltsebene** als auch auf der **Beziehungsebene** statt, wobei der Beziehungsaspekt den Inhaltsaspekt bestimmt. Dieser Prozess kann bewusst gesteuert beziehungsweise wahrgenommen werden, aber auch unbewusst ablaufen; er ist abhängig von der Beziehung der Kommunikationspartner zueinander (formell: Vorgesetzter - Mitarbeiter, informell: Respekt oder Verachtung, Unsicherheit oder Selbstbewusstsein).

Das Erkennen dieser Zusammenhänge ist von grundlegender Bedeutung und entscheidet mit über das Gelingen oder Misslingen der Kommunikation. Neben **verbalen Signalen** geben **paraverbale Signale** (Lautstärke, Stimmlage, Sprechtempo) und **nonverbale (analoge) Signale** (Gestik, Mimik, Erscheinungsbild, Auftreten) wichtige Hinweise für die Interpretation der Kommunikationsbeiträge.
Die subjektive Komponente des Beziehungsaspekts kann zu unterschiedlichen Interpretationen und in der Folge zu Konflikten führen. Darüber hinaus kann durch widersprüchliche Botschaften eines Kommunikationspartners eine **Doublebind-Situation** entstehen, in der die verbalen Signale im Widerspruch zu den anderen Signalen stehen (verbal: „Es geht mir gut.“, paraverbal: Zittern der Stimme, nonverbal: heruntergezogene Mundwinkel).

Symmetrische und komplementäre Kommunikation
Der Beziehungsaspekt ist immer auch abhängig von den **Rollen**, welche die Gesprächspartner einnehmen. Die jeweilige Rollenkonstellation wird bestimmt von den gesellschaftlichen Zusammenhängen und der Situation, in die eine Kommunikation eingebettet ist.
So unterscheidet man **symmetrische** und **komplementäre** Kommunikation. Im ersten Fall sind die Gesprächspartner **gleichrangig** (z. B. Schüler untereinander). Eine komplementäre Kommunikationssituation dagegen ist **hierarchisch** angelegt, die Gesprächspartner nehmen unterschiedliche Positionen ein, wobei die Positionen nicht austauschbar sind (Schüler - Lehrer). Entscheidend für das Gelingen der Verständigung sind folgende Fragen:
- Sind den Kommunikationspartnern die Rollen bewusst?
- Akzeptieren sie diese Rollen?
- Handeln sie in diesen Rollen angemessen?

Analyse der Personenkonstellationen im Gesprächsverlauf

1 *Untersuchen Sie die nonverbalen Kommunikationssignale.*

a) Tragen Sie die Regieanweisungen mit Zeilenangaben in die Tabelle ein und ordnen Sie diese den jeweiligen Sendern oder Senderinnen zu.

b) Welche Informationen über die Befindlichkeit der jeweiligen Person können Sie den Regieanweisungen entnehmen? Notieren Sie diese in der 3. Spalte.

Regieanweisung	Sender oder Senderinnen	Befindlichkeit

2 *Untersuchen Sie, auf welchen Ebenen (vgl. Basiswissen „Kommunikationstheorie Watzlawicks") beide Gesprächspartner Informationen übermitteln.*

3 *Untersuchen Sie, ob es sich um eine symmetrische oder komplementäre Kommunikation handelt. Beachten Sie dabei auch die Redeanteile.*

4 *Notieren Sie, unter welchen Voraussetzungen die Kommunikation gelungen wäre.*

Die Intention des Textes darstellen

1 *Beschreiben Sie kurz das in diesem Dialog aufgezeigte gesellschaftliche Problem.*

2 *Recherchieren Sie, welche wirtschaftlichen und gesellschaftlichen Entwicklungen den Hintergrund für Widmers Theaterstück bilden.*

3 *Notieren Sie, welche Intention der Autor verfolgt. Beziehen Sie bei Ihren Überlegungen die Ergebnisse aus Frage 2 mit ein.*

4 *Beurteilen Sie die Aktualität des Theaterstücks vor dem Hintergrund der wirtschaftlichen Entwicklung seit 1997.*

5 *Recherchieren Sie, ob die Rezeption des Theaterstücks die Intention des Autors bestätigt. Beziehen Sie bei Ihren Überlegungen die Ergebnisse aus 3 und 4 mit ein.*

Die Dialoganalyse schreiben

1 *Schreiben Sie die komplette Dialoganalyse unter Einbeziehung kommunikationstheoretischer Aspekte, indem Sie die einzelnen Antworten miteinander verknüpfen. Verwenden Sie dazu ein gesondertes Blatt.*

2 *Überprüfen und überarbeiten Sie Ihre Analyse anhand der folgenden Checkliste.*

Checkliste

Einleitung

- ☐ Habe ich im Einleitungssatz Autor, Titel, Erscheinungsjahr und Textsorte genannt?
- ☐ Habe ich die Thematik und das Ziel des Gesprächs benannt?
- ☐ Habe ich die Gesprächspartner genannt?

Hauptteil

- ☐ Habe ich die Sach- und Beziehungsebene analysiert und interpretiert?
- ☐ Habe ich den Gesprächsverlauf beschrieben und analysiert?
- ☐ Habe ich dabei die Sprache analysiert und besonders auffallende Merkmale genannt?
- ☐ Habe ich das Verhältnis der Gesprächspartner untersucht (symmetrisch/ komplementär)?
- ☐ Habe ich die Redeanteile der Personen untersucht und interpretiert?

Schluss

- ☐ Habe ich dargelegt, ob die Gesprächspartner ihr Gesprächsziel erreicht haben?
- ☐ Habe ich die mögliche Intention des Autors genannt und begründet?
- ☐ Habe ich dabei die politische und wirtschaftliche Lage der Entstehungszeit berücksichtigt?
- ☐ Habe ich die Aussage des Autors auf ihre Aktualität überprüft?

Textrevision: Eine Analyse überarbeiten

Die folgenden Sätze sind verschiedenen Schülerarbeiten entnommen und fehlerhaft. Korrigieren Sie die inhaltlichen Fehler auf einem gesonderten Blatt.

1 *„Die Anrede ‚liebe Frau Wrage' zeigt, dass Herr Déer und seine Gesprächspartnerin ein freundschaftliches Verhältnis verbindet. Daher ist auch davon auszugehen, dass es sich um eine symmetrische Kommunikation handelt."*

2 *„Frau Wrage geht behutsam auf Herrn Déer ein und beweist damit ein hohes Maß an Empathie. Sie will ihm Mut machen, indem sie ihm versichert: ‚Wir haben bisher noch jeden Klienten vermittelt.' "*

3 *„Herr Déer setzt sich bewusst mit seiner neuen Situation auseinander und geht daher konstruktiv auf die Bemühungen von Frau Wrage ein. Dies bestätigt er insbesondere mit dem Satz: ‚Natürlich verstehen wir uns, Frau Wrage.' "*

Mein persönlicher Lerncheck

Schätzen Sie Ihren Lernstand in Hinblick auf die Aufgabe „Dialoganalyse unter Einbeziehung kommunikationstheoretischer Aspekte" ein.
Schreiben Sie die Vorlage zum persönlichen Lerncheck von der vorderen Umschlagseite des Arbeitsheftes ab und füllen Sie diese aus.

Weiterschreiben

Wenn Sie nach einer weiteren Trainingsmöglichkeit für eine Dialoganalyse suchen, dann analysieren Sie den folgenden Text unter Einbeziehung kommunikationstheoretischer Aspekte:

Der Roman von Hans Fallada spielt gegen Ende der Weimarer Republik und schildert das Schicksal des Buchhalters Johannes Pinneberg und seiner Frau vor dem Hintergrund der Weltwirtschaftskrise und des erstarkenden Nationalsozialismus.

Hans Fallada: Kleiner Mann – was nun? (Auszug)

Von den drei Arten Verkäufern [...]

Pinnebergs Herz schwoll vor Glück. „Finden Sie das wirklich, Heilbutt? Finden Sie das wirklich, dass ich ein geborener Verkäufer bin?“

„Aber das wissen Sie doch selbst, Pinneberg. Ihnen macht es doch Spaß, zu verkaufen.“

„Mir machen die Leute Spaß“, sagt Pinneberg. „Ich muss immer dahinterkommen, was sie sind und wie man sie nehmen muss und wie man es drehen muss, dass sie kaufen.“ Er atmet tief. „Ich schiebe wirklich selten eine Pleite.“

„Das habe ich gemerkt, Pinneberg“, sagt Heilbutt.

„Ja, und dann sind es richtige Schrutzen[1], die gar nicht wirklich kaufen wollen, die nur schrutzen und klaffen[2] wollten.“

„An die verkauft keiner“, sagt Heilbutt.

„Sie doch“, sagt Pinneberg. „Sie doch.“

„Vielleicht. Nein. Nun, vielleicht doch manchmal, weil die Leute Angst vor mir haben.“

„Sehen Sie“, sagt Pinneberg. „Sie imponieren den Leuten so schrecklich, Heilbutt. Vor Ihnen genieren sie sich, so anzugeben, wie sie möchten.“ Er lacht. „Vor mir geniert sich kein Aas. Ich muss immer in die Leute reinkriechen, muss raten, was sie wollen. Darum weiß ich auch so gut, was die eben für 'ne Wut haben werden, dass sie den teuren Anzug gekauft haben. Jeder auf den anderen, und keiner weiß mehr richtig, warum sie ihn gekauft haben.“

„Na, und warum haben sie ihn gekauft, was meinen Sie, Pinneberg?“, fragt Heilbutt.

Pinneberg ist ganz verwirrt. Er überlegt fieberhaft. „Ja, ich weiß es auch nicht mehr ... Alle haben so durcheinander geredet ...“

Heilbutt lächelt.

„Ja, nun lachen Sie, Heilbutt. Ja, nun lachen Sie mich aus. Aber ich weiß es schon wieder, weil Sie ihnen so imponiert haben.“

„Unsinn“, sagt Heilbutt. „Vollkommener Unsinn, Pinneberg. Das wissen Sie doch selbst, dass darum keiner was kauft. Das hat die Sache vielleicht nur ein wenig beschleunigt ...“

1 Schrutzen, obersächs.: Gegenstand von minderer Qualität, von Fallada substantivisch auch als Bezeichnung für Personen und verbal benutzt im Sinne von: Schnäppchenjäger, nach Schnäppchen jagen
2 klaffen, niederdt.: viel, laut, anmaßend, überheblich reden

„Sehr, Heilbutt, ganz mächtig beschleunigt hat es!"
„Nein, aber das Entscheidende war, dass Sie nie gekränkt waren. Wir haben Kollegen", sagt Heilbutt und lässt seine dunklen Augen durch den Raum schweifen, bis sie den Gesuchten gefunden haben, „... die sind immer gleich beleidigt. Wenn die sagen, das ist ein vornehmes Muster, und der Kunde sagt, das gefällt mir aber gar nicht, dann sagen sie patzig: Über den Geschmack lässt sich nicht streiten. Oder sie sagen vor lauter Kränkung gar nichts. Sie sind nicht so, Pinneberg ..."
„Nun, meine Herren", sagt der eifrige Substitut[3], Herr Jänecke. „Ein kleines Palaver? Schon fleißig verkauft? Immer fleißig, die Zeiten sind schwer, und bis so ein Verkäufergehalt rausspringt, da will viel Ware verkauft sein."
„Wir reden gerade, Herr Jänecke", sagt Heilbutt und hält unmerklich Pinneberg am Ellbogen fest, „über die verschiedenen Verkäuferarten. Wir fanden, es gibt drei: Die, die den Leuten imponieren. Die, die raten, was die Leute wollen. Und drittens die, die nur per Zufall verkaufen. Was meinen Sie, Herr Jänecke?"
„Theorie, sehr interessant, meine Herren", sagt Herr Jänecke lächelnd. „Ich kenne nur eine Art Verkäufer: die, auf deren Verkaufsblock abends recht hohe Zahlen stehen. Ich weiß, es gibt noch die mit den niedrigen Zahlen, aber ich sorge schon dafür, dass es die hier bald nicht mehr gibt."
Und damit enteilt Herr Jänecke, um einen anderen anzutreiben, und Heilbutt sieht ihm nach und sagt gar nicht leise hinter ihm her: „Schwein."

(1932)

Hans Fallada (Pseudonym für Rudolf Ditzen, 1883 – 1947) kämpfte zeitlebens mit finanziellen Problemen sowie seiner Morphium- und Alkoholsucht. Sein heute bekanntestes Werk ist der Roman „Jeder stirbt für sich allein", den er 1946 innerhalb weniger Wochen schrieb. Im Mittelpunkt steht das Schicksal eines einfachen Arbeiterehepaares in der nationalsozialistischen Diktatur.

3 Substitut: veraltetet für: Verkaufsleiter

Sachtextanalyse und Leserbrief

Die Aufgabe

- Analysieren Sie den Text „Neue Analphabeten“ von Susanne Offenbach.
- Gestalten Sie einen Leserbrief, in dem Sie zur Position der Autorin kritisch Stellung nehmen und kurz Ihre eigene Position begründet darstellen.

Die Aufgabe verstehen

Diese Überlegungen helfen Ihnen, die Aufgabe zu bearbeiten:

- Inhalt und Aufbau des Textes verstehen und erfassen
- wesentliche Inhalte des Textes unter Verwendung des Konjunktivs wiedergeben
- sich mit der im Text dargelegten Argumentation und deren Struktur auseinandersetzen
- sprachliche Gestaltungsmittel beschreiben und deren Funktion erläutern
- die Textintention herausarbeiten
- die Argumentationsstruktur sowie die sprachliche Gestaltung in Bezug zur Textintention setzen
- den Text bewerten
- einen eigenen, kritischen Standpunkt einnehmen und in der Form eines Leserbriefes darlegen
- die Wirkung auf die Zielgruppe des Leserbriefes beachten

Die Sachtextanalyse vorbereiten

1 *Lesen Sie den Text.*

Susanne Offenbach: Neue Analphabeten

„Mit Schreiben und Lesen fängt eigentlich das Leben an.“
Auf einer Wachstafel des vorchristlichen Mesopotamien

Glückliches Bayern! Dort seien Laptop und Lederhose eine wunderbare Verbindung eingegangen. Schön, wenn es stimmt, aber leider nicht repräsentativ für den Rest des Landes. Hier scheidet sich die Welt in die rund 60 Prozent mit, vor allem aber die 40 Prozent ohne Zugang zum weltweiten Netz. Das Web hat in nur 15 Jahren die Gesellschaft tiefgreifender verändert als jedes Medium vor ihm.

Der Befund geht quer durch Generationen und Schichten. Viele Ältere meinen: Das ist nichts mehr für mich, das sitze ich vollends aus.

Wenn sie sich damit nur nicht täuschen. In manchen Ländern Europas gibt es schon jetzt kaum mehr Schalter für Bahnkarten: Und Flugtickets nur noch aus dem Netz. Ebenso wie den Zugang zum eigenen Konto. Wer die deutsche Abwrackprämie[1] beantragen will, bekommt das Formular der Bundesregierung auch nur digital.

„Mein Autohändler wird mir schon helfen“, höre ich als Ausrede. Klar, es findet sich immer eine Lösung, sogar noch für jemanden, der weder lesen noch schreiben kann. Aber wer heute keinen Zugang zum Internet hat, ist einer der neuen Analphabeten.

1 Abwrackprämie: eine staatliche Prämie, die 2009 in Deutschland eingeführt und dem gewährt wurde, der sein altes Auto verschrottet und einen Neuwagen erworben hat

Warum eigentlich? Gerade für Ältere erschlösse sich eine spannende Welt. Genügend Kurse oder Clubs sind angeboten, wo man lernen und üben kann. Karl der Große soll hochbetagt noch Lesen und Schreiben gelernt haben, weil er diese damals exklusive Technik nicht den Pfaffen und Klosterschreibern überlassen wollte. Ob er von den Mesopotamiern gewusst hat?

Aber die Jungen, denkt man, die wachsen sowieso mit Elektronik auf. Mit Spielen und Handys schon. An vielen Schulen allerdings hört es mit ein bisschen Word bereits schon wieder auf. Was muss ein Schüler über Computer wissen, wenn er das Abi oder die Mittlere Reife in der Tasche hat? Für manche muss ein zweistündiger Basiskurs zum Bedienen von Anwendungsprogrammen als Informationstechnische Grundbildung (ITG) reichen, weil IT-Pädagogen fehlen.

Wer wirklich etwas über Informatik weiß, gehört schon zum Club der Auserwählten. Vor rund hundert Jahren wurden Physik, Biologie und Chemie als Unterrichtsfächer eingeführt. Das hat Deutschland nach vorne gebracht. Und heute?

Könnte es denn nicht reichen, den Computer nur zu bedienen wie ein Auto? Das Ding zu fahren braucht es wenig, weit unterhalb der Mechatroniker-Ausbildung. Aber ein bisschen Ahnung, wie so eine Maschine funktioniert, ob Otto- oder Dieselmotor, ist jedenfalls nicht rufschädigend.

Ohne Computer-Kenntnisse geht es heute in kaum einem Beruf. Ein Platz im Mittelfeld ist aussichtslos. Hauptschüler ohne Computer-Ahnung werden schon das Bewerbungsgespräch kaum überstehen. Fatale Folge: Viele werden später überhaupt Situationen vermeiden, in denen Leistung gefordert ist.

Das erledigt sich mit der Zeit auch nicht von selbst, wie wir fälschlicherweise bei den Migranten gemeint haben. Verblüfft erleben wir junge Leute der dritten Einwanderer-Generation, die kein vernünftiges Deutsch sprechen. Das sollte uns mit Computer-Kenntnissen nicht noch einmal passieren.

Zumal eine andere Hoffnung schon zerplatzt ist: Dass junge Frauen sich das Computer-Thema als Chance und Domäne wählen. Unabhängig sein von Ort und Zeit, körperlich nicht überfordert, thematisch vielfältig – das ideale Feld für Familienfrauen. Aber wer bevölkert die Computerläden? Wer kauft die massenhaften Fachzeitschriften? Da hat Lieschen dem Hans mal wieder das Feld überlassen.

Nur noch kurios ein Kapitel Bundeswehr. Es soll Kasernen geben, die mit Fernschreibern arbeiten. Steinzeit-Technik bei internationaler Verflechtung. Gemessen am „bedingt abwehrbereiten" Apparat hat es der einzelne Computer-Muffel da leicht. Einfach die geistige Tür öffnen und den realen Laptop ins Haus lassen. Vielleicht wird ja aus dem bisher völlig Fremden der hilfreichste Freund.

(Sonntag Aktuell, Rubrik „Die ANDERE Meinung", 26.04.2009)

Den Inhalt des Textes verstehen und wiedergeben

1 *Notieren Sie die Publikationsdaten und bestimmen Sie die Textsorte.*

Basiswissen | **Textsorten**

Nachricht: sachliche Darstellung eines Sachverhalts
Kommentar: Ein Autor oder eine Autorin bringt seine/ihre Meinung zu politischen, gesellschaftlichen oder anderen aktuellen Ereignissen zum Ausdruck. Die subjektive Darstellung soll den Leser dazu anregen, sich eine eigene Meinung zu dem Thema zu bilden.
Glosse: pointierter, oft satirischer oder polemischer Kommentar. Häufig werden die rhetorischen Figuren der Ironie und Übertreibung benutzt.
Kolumne: kommentierender Beitrag, der meist regelmäßig und immer an der gleichen Stelle einer Zeitung oder Zeitschrift erscheint.

Bisweilen sind die Grenzen zwischen den Textarten fließend, so können sich in einem Kommentar Elemente einer Glosse wiederfinden.

2 *Markieren Sie die zentralen Begriffe und Aussagen des Textes.*

3 *Setzen Sie sich mit der Themenstellung auseinander.*

a) Werten Sie die folgenden Schülerbeispiele zur Themenstellung aus.
Kreuzen Sie die Version an, welche Sie für die treffendste halten, und begründen Sie Ihre Wahl.

- ☐ Susanne Offenbach kritisiert in ihrem Artikel in „Sonntag aktuell", dass relativ viele Menschen keinen Zugang zum Internet haben. So blieben ihnen viele Facetten des Alltags verschlossen.
- ☐ Kompetenzen im Schreiben und Lesen würden durch Kompetenzen im IT- Bereich ersetzt, so das Thema der Autorin Susanne Offenbach in ihrem Artikel in „Sonntag aktuell".
- ☐ Susanne Offenbach kritisiert in ihrem Artikel zu Recht, dass sich in erster Linie Frauen und Hauptschüler dem Internet verschließen und ihnen so vieles verschlossen bleibt.
- ☐ S. Offenbach bemängelt, dass viel zu wenig getan wird, um mehr als 60 Prozent der deutschen Bevölkerung einen Zugang zum Internet zu ermöglichen.

Begründung:

____

____

b) Verknüpfen Sie in Ihrer Einleitung das Thema mit einer aktuellen Diskussion, die den Leser lockt, den Aufsatz zu lesen. Formulieren Sie die einleitenden Sätze auf einem gesonderten Blatt.

4 *Erschließen Sie den gedanklichen Aufbau des Textes auf einem separaten Blatt.*

a) Gliedern Sie den Text nach thematischen Schwerpunkten. Fügen Sie die Zeilenangaben hinzu.

b) Interpretieren Sie den Spruch der mesopotamischen Wachstafel und setzen Sie ihn in Bezug zur Aussage des Textes.

Sprache und Stil

Basiswissen | **Indirekte Rede**

Wenn Sie die Meinung des Autors oder der Autorin wiedergeben, zitieren Sie üblicherweise in der indirekten Rede. Das Verb, das Sie in der indirekten Rede verwenden, steht in der Regel im Konjunktiv I. Wenn Sie die Aussage mit der Konjunktion „dass" einleiten, darf das Verb im Indikativ stehen.

5 *Setzen Sie sich mit dem Konjunktiv auseinander.*

a) Erklären Sie, warum die Autorin in den Zeilen 1 und 18 den Konjunktiv benutzt.

____

b) Differenzieren Sie zwischen den beiden Formen.

1. Form: ______________ 2. Form: ______________

Arbeitstechnik | **Konjunktiv I oder Konjunktiv II verwenden**

Wenn die Form des Konjunktivs I mit der des Präsens Indikativ identisch ist, nutzt man den Konjunktiv II. Der Konjunktiv II wird vom Präteritum Indikativ gebildet. Dabei wird oft ein Umlaut eingefügt, zum Beispiel: Wechsel von a zu ä bei: *sie nahmen* (Präteritum Indikativ), *sie nähmen* (Konjunktiv II). Eine Umschreibung mit einer Form von „würden" ist dann notwendig, wenn die Form des Konjunktiv II mit der des Präteritum Indikativ übereinstimmt oder ungebräuchlich und veraltet wirkt.

Übereinstimmung

Die Autoren betonen, sie (**nehmen**) die Ergebnisse der aktuellen Studie als Grundlage für die Berichte.

Konjunktiv II

Die Autoren betonen, sie **nähmen** die Ergebnisse der aktuellen Studie als Grundlage für die Berichte.

Umschreibung mit „würden"

Die Autoren betonen, sie **würden** die Ergebnisse der aktuellen Studie als Grundlage für die Berichte **nehmen**.

Test

6 *Geben Sie die folgenden Aussagen im Konjunktiv wieder. Verwenden Sie ein gesondertes Blatt. Leiten Sie die Aussagen mit Sätzen wie „Die Autorin meint, ..." oder „Die Autorin ist der Auffassung, dass ..." ein.*

- Hier scheidet sich die Welt in die rund 60 Prozent mit, vor allem aber die 40 Prozent ohne Zugang zum weltweiten Netz.
- Das Web hat in nur 15 Jahren die Gesellschaft tiefgreifender verändert als jedes Medium vor ihm.
- Der Befund geht quer durch Generationen und Schichten.
- In manchen Ländern Europas gibt es schon jetzt kaum mehr Schalter für Bahnkarten.
- Aber die Jungen, denkt man, die wachsen sowieso mit Elektronik auf.
- Wer wirklich etwas über Informatik weiß, gehört schon zum Club der Auserwählten.

7 *Geben Sie die Kernaussagen der Autorin wieder. Legen Sie dazu Ihre Ergebnisse von Aufgabe 2 und 4 (S.18) zugrunde. Nutzen Sie ein gesondertes Blatt.*

Die Argumentationsstruktur untersuchen

1 *Setzen Sie sich mit der vorliegenden Argumentationsstruktur auseinander.*

a) Notieren Sie deren Aufbau auf einem gesonderten Blatt.
Schreiben Sie auch Begründungen und Argumentationsstützen auf, soweit diese angeführt sind. Letzteres können Beispiele, Belege, Erläuterungen, Zitate oder das Aufzeigen von Konsequenzen sein.

Beispiel:

> **These (Behauptung):**
> Ältere Menschen haben Schwierigkeiten Bahnkarten zu kaufen,
> **Argument (Begründung):**
> weil sie sich nicht an die Automaten für Fahrscheine heranwagen.
> **Argumentationsstützen:**
> Das ist deutlich am Kaufverhalten der Älteren zu erkennen.

b) Ordnen Sie die gefundenen Argumente Argumenttypen (siehe Basiswissen „Argumenttypen") zu.

___

___

___

c) Bewerten Sie, ob die Argumenttypen gleich aussagekräftig sind.

___

___

___

Basiswissen | **Argumenttypen**

Das Gewicht einer These hängt von der Qualität der Argumente ab. Folgende Argumentationstypen können benutzt werden:

Faktenargument: Angabe von Fakten (Zahlen, Statistiken, wissenschaftliche Untersuchungen etc.): *Die Ergebnisse vieler Umfragen zeigen, dass sich immer weniger Menschen ehrenamtlich engagieren.*

Normatives Argument: Verweis auf allgemein anerkannte Werte (Verfassung, Menschenrechte etc.): Im Grundgesetz ist das Recht auf freie Meinungsäußerung fest verankert.

Erfahrungsargument: Rückgriff auf Erfahrungen (allgemeingültigen oder eigenen Erfahrungen): *Es ist bekannt, dass Geld allein nicht glücklich macht.*

Autoritätsargument: Berufung auf Autoritäten (Zitate von Experten oder Persönlichkeiten): *So hat schon der griechische Philosoph Aristoteles gesagt, die Jugend sei unerträglich, unverantwortlich und entsetzlich anzusehen.*

Analogisierendes Argument: Bildung von Analogien (Rückschlüsse aus erwiesenen Tatsachen, die auf andere Bereiche übertragen werden):
Das Kaufen und Besitzen von Dingen macht das Glück vieler Menschen in unserer Zeit aus. So ist es nicht verwunderlich, dass man auch seine Mitmenschen unter diesen Aspekten betrachtet. Zwischenmenschliche Beziehungen vollziehen sich mehr denn je nach den Prinzipien des Marktes.

Indirektes Argument: Gegenposition wird aufgegriffen und entkräftet:
Die Gegner des Projektes behaupten, dass die Lärmbelästigung sehr hoch sei. Bei ähnlichen Projekten ergibt sich jedoch ein anderes Bild.

Jedes Argument sollte belegt werden, damit es weniger angreifbar ist.

Die sprachlichen Gestaltungsmittel analysieren

1 ***Untersuchen Sie, wie die Autorin sprachlich ihre Argumentation stützt.***

a) Notieren Sie auf einem seperaten Blatt die rhetorischen Figuren, die am häufigsten vorkommen, und belegen Sie diese durch Zeilenangaben.

b) Erläutern Sie auf einem gesonderten Blatt deren Funktion unter Berücksichtigung möglicher Wirkung auf die Leserschaft.

Tipp
vgl. „Übersicht über wichtige rhetorische Figuren" auf der Umschlagseite

Die Textintention herausarbeiten und den Text bewerten

1 ***Notieren Sie, welche Intention die Autorin mit ihrem Text verknüpft.***

____

____

2 ***Bewerten Sie den Text. Untersuchen Sie, wo Argumente und Sprache die intendierte Wirkung stützen. Nehmen Sie dafür ein separates Blatt.***

a) Struktur der Argumente

b) Einsatz der sprachlichen Mittel

Arbeitstechnik | Argumentationsstruktur überprüfen

Überprüfen Sie, ob die Argumentation folgerichtig aufgebaut oder eventuell lückenhaft ist. Des Weiteren achten Sie darauf, ob gegensätzliche Positionen berücksichtigt werden und die Argumentation letztendlich ausgewogen ist. Weisen Sie auf eventuell bevorzugte Argumenttypen hin. Beurteilen Sie, ob und wie die Argumente gestützt werden. Eine These gewinnt besonders an Bedeutung, wenn sie von stichhaltigen, möglichst unstrittigen Argumenten und überzeugenden Argumentationstypen gestärkt wird.

Die Sachtextanalyse schreiben

1 *Erstellen Sie einen Schreibplan, der die wichtigsten Gliederungspunkte Ihres Aufsatzes enthält.*

Arbeitstechnik | **Eine Sachtextanalyse schreiben**

In Ihrer **Einleitung** führen Sie zum Thema des vorliegenden Textes hin und benennen Publikationsdaten sowie die Textsorte. Die Darstellung des gedanklichen Aufbaus des Textes sowie seiner Kernaussagen nimmt den ersten Teil Ihres **Hauptteils** ein. Danach erläutern Sie die Argumentationsstruktur. Sie verdeutlichen die Position des Autors oder der Autorin und stellen dar, welche inhaltlichen und sprachlichen Mittel zum Einsatz kommen. Im Anschluss legen Sie dar, was mit dem Text erreicht werden soll.
Im **Schlussteil** bewerten Sie den Text und ziehen ein Fazit.

2 *Schreiben Sie Ihre Sachtextanalyse, indem Sie die einzelnen Bestandteile Ihrer Ausführungen miteinander verknüpfen. Nutzen Sie Ihren Schreibplan und Ihre Analyse als Arbeitsgrundlage. Benutzen Sie ein gesondertes Blatt.*

Einen Leserbrief schreiben

1 *Erläutern Sie auf einem separaten Blatt, welche Schwachstellen der Text aufweist. Beachten Sie die Argumentation sowie die sprachliche Ausgestaltung.*

2 *Skizzieren Sie mögliche Gegenpositionen auf einem gesonderten Blatt.*

Arbeitstechnik | **Einen Leserbrief verfassen**

Mit einem Leserbrief äußern Sie sich kritisch zur Meinung des Autors oder der Autorin und tragen zur Meinungsbildung der Leser bei. Interessant und pointiert, keinesfalls beleidigend nehmen Sie zur Gesamtaussage des vorliegenden Textes oder einzelnen Aspekten Stellung. Neben dem Inhalt können Sie auch seine Form oder Bedeutung kritisch hinterfragen.
Mit einem Schlagwort oder der Hauptaussage als Überschrift wecken Sie das Interesse, Ihren Brief zu lesen. In der **Einleitung** stellen Sie den Bezug zum vorliegenden Text her und führen zum Thema hin. Im **Hauptteil** formulieren Sie entweder einen begründeten Widerspruch oder Sie stimmen dem Autor teilweise zu. Dabei können Sie beispielsweise inhaltlich mit ihm übereinstimmen, aber die Argumentationsweise kritisieren. Sie können plausiblere Argumente einbringen und die Argumentation erweitern. Ebenso können Sie zu dem Ergebnis kommen, dass die sprachliche Darstellung nicht gelungen ist. Der **Schlussteil** ist in der Regel appellativ, was sich auch in der Sprache niederschlägt. Rhetorische Figuren geben Bewertungen und Forderungen die entsprechende Würze. Mit Ihrem Namen bekennen Sie sich zu Ihrer Position.

3 *Schreiben Sie Ihren Leserbrief, in dem Sie kritisch Position beziehen.*

4 *Überprüfen und überarbeiten Sie die gesamte Arbeit anhand der folgenden Checkliste.*

Checkliste

Aufbau

- ☐ Habe ich die beiden Teile meiner Arbeit schlüssig und übersichtlich strukturiert?
- ☐ Habe ich meinen Gedankengang durch Absätze veranschaulicht?
- ☐ Habe ich die einzelnen inhaltlichen Aspekte sinnvoll zueinander in Beziehung gesetzt?

Inhalt

Sachtextanalyse

- ☐ Habe ich Angaben zu Autor/Autorin, Titel, Textsorte und Themenstellung gemacht?
- ☐ Führt meine Einleitung zur Aufgabenstellung hin.
- ☐ Habe ich die Thematik des Textes in Bezug zur öffentlichen Diskussion gesetzt?
- ☐ Habe ich den gedanklichen Aufbau des Textes herausgearbeitet?
- ☐ Habe ich die Position des Autors/der Autorin ohne Wertung wiedergegeben?
- ☐ Habe ich Aussagen des Autors/der Autorin im Konjunktiv wiedergegeben und korrekt zitiert?
- ☐ Habe ich die Argumentationsstruktur erkannt und dargelegt?
- ☐ Geht meine Analyse über eine reine Wiedergabe hinaus?
- ☐ Habe ich die Intention herausgearbeitet und den Text bewertet?
- ☐ Habe ich die Bedeutung der sprachlichen Gestaltung für den Inhalt erklärt?

Leserbrief

- ☐ Habe ich formuliert, dass sich mein Leserbrief auf den vorliegenden Text bezieht?
- ☐ Habe ich inhaltliche Bezüge zum Kommentar hergestellt?
- ☐ Ist es mir gelungen, neben informativen und wertenden auch appellative Textteile zu verwenden?
- ☐ Habe ich dargelegt, in welchen Punkten ich widerspreche bzw. zustimme?
- ☐ Habe ich eine adressatenbezogene Sprachebene gewählt, die auch den gezielten Einsatz rhetorischer Mittel impliziert?

Sprachliche Gestaltung und Form

- ☐ Ist die Textanalyse – wie der Leserbrief auch – im Präsens geschrieben?
- ☐ Ist mein Ausdruck präzise, verständlich und angemessen?
- ☐ Ist die fachsprachliche Terminologie korrekt angewandt?
- ☐ Habe ich meinen Aufsatz auf häufige Rechtschreibfehler überprüft?
- ☐ Habe ich die Regeln der Zeichensetzung beachtet?

Textrevision: Einen Aufsatz überarbeiten

Aus einem Schüleraufsatz liegt folgender Auszug zur Wiedergabe der Kernaussagen vor.

Überarbeiten Sie diesen Auszug. Gehen Sie dabei folgendermaßen vor.

- **Schreiben Sie neben den Text, was verbessert werden muss.**
- **Schreiben Sie den Aufsatz neu. Verwenden Sie ein gesondertes Blatt.**

Mit statistischen Werten führt die Autorin in die Problematik ein und betont, dass 40 Prozent der Bundesbürger ohne Internetzugang sind. Dieses Phänomen erstreckt sich auf alle Altersgruppen und ist nicht schichtenspezifisch. Lediglich in Bayern sei eine andere Entwicklung feststellbar.
Das Gegenargument, auch ohne Internet im Alltag bestehen zu können, entkräftet sie mit nachvollziehbaren Beispielen. So sind der Kauf von Bahn- und Flugtickets sowie der Zugang zum Bankkonto oder sogar das Formular für die Abwrackprämie ohne Internetnutzung nicht mehr möglich.
Ebenso öffnet das Internet die Tür zu einer spannenden Welt, in der sich nur wenige Nutzer wirklich gut auskennen. Offenbach sieht den Grund vor allem darin, dass an vielen Schulen zu wenig EDV unterrichtet wird und Basiskurse nur notdürftig die Grundlagen vermitteln. Dies alles geschehe, weil IT-Pädagogen fehlten. Da sich das Problem nicht von alleine behebe, so ihre Feststellung, müsse zwangsläufig etwas getan werden, um in bildungspolitischer Hinsicht nicht genauso zu scheitern wie bei der Vermittlung von Deutschkenntnissen bei Migranten. In dem zuletzt genannten Punkt werde ich ihr in meinem Leserbrief ausdrücklich widersprechen.

Grammatik

Mein persönlicher Lerncheck

Schätzen Sie Ihren Lernstand in Hinblick auf die Aufgabe „Eine Sachtextanalyse und einen kritischen Leserbrief schreiben“ ein.
Beziehen Sie auch die Übungen zur Textrevision mit ein.
Schreiben Sie die Vorlage zum persönlichen Lerncheck von der vorderen Umschlagseite dieses Arbeitsheftes ab und füllen Sie diese aus.

Weiterschreiben

Wenn Sie nach einer weiteren Trainingsmöglichkeit für diese Aufgabenart suchen, befassen Sie sich mit folgendem Text und der vorliegenden Aufgabe.

- **Analysieren Sie den Text „Betonieren ‚Tafelbewegung‘ und Suppenküchen die Armut in Deutschland, wie ein Soziologe behauptet?“ von Hermann Gröhe.**
- **Gestalten Sie einen Leserbrief, in dem Sie zur Position des Autors kritisch Stellung nehmen und kurz Ihre eigene Position begründet darstellen.**

Hermann Gröhe: Betonieren „Tafelbewegung“ und Suppenküchen die Armut in Deutschland, wie ein Soziologe behauptet? Ein Widerspruch

In vielen Städten Deutschlands versorgen „Tafelläden“ Bedürftige mit Lebensmitteln, die von Supermärkten, Großmärkten, Bäckereien oder Hotels gespendet und von ehrenamtlichen Helferinnen und Helfern ausgegeben werden. Lebensmittel, deren Mindesthaltbarkeitsdatum naht, einwandfreies Gemüse, das gleichwohl frischerer Ware weichen muss, Angebote vom Vormonat, die das neue Sortiment verdrängt, Backwaren vom Vortag – dies alles hilft bedürftigen Menschen. Und dies alles erreicht sie nur, weil fast 40.000 Ehrenamtliche in rund 800 Tafeln unentgeltlich und verlässlich im Einsatz sind, um rund eine Million Menschen zu versorgen.

Seit 1996 gibt es auch in meiner Heimatstadt die „Neusser Tafel" mit gut dreißig Helferinnen und Helfern, dem „Tafelladen", drei „Tafelmobilen", einem Treff für Ältere und zahlreichen Einsätzen in Kinder- und Jugendeinrichtungen sowie in Schulen. Manche Helferin und mancher Helfer sind von Anfang an dabei. Ihr beharrlicher Einsatz beeindruckt mich.

Da lässt es mich aufhorchen, wenn der Soziologe Stefan Selke erklärt, die Tafelbewegung verfestige Armut. Die politische Folge: „die legitimen Ansprüche von Armutsbetroffenen auf staatliche Hilfe" nähmen ab. Hilfe mit ungewollter Nebenwirkung, entmündigende Fürsorge gar? Ich denke, die kritischen Anfragen von Selke müssen ernst genommen werden, zumal seine Studie auf einer einjährigen Mitarbeit in einer Tafel beruht. Dennoch widerspreche ich seiner zentralen These.

Gerade in meinen zahlreichen Gesprächen mit Aktiven der „Neusser Tafel" oder im eigenen Engagement in der heimischen Diakonie ist meine Überzeugung gewachsen, dass die Armut in unserem Land nicht nur mit Rechtsansprüchen auf staatliche Leistungen bekämpft werden kann – so notwenig diese als Grundlage bleiben. Neben finanzieller bedarf es häufig auch menschlicher Zuwendungen, die über professionelle Beratungsgespräche in akuten Notlagen hinausgehen. In „Tafelläden" sind solche Begegnungen möglich. Da gibt es nicht nur Lebensmittel so gut wie umsonst, sondern auch Kochtipps – besonders nützlich dann, wenn das Geld nicht reicht, weil mangelnde Kochkenntnisse, Fast Food und Tiefkühlpizza den Speiseplan der Familie bestimmen. Kinder, denen ein knurrender Magen das Aufpassen in der Schule erschwert, die aber Handy und MP3-Player ihr Eigen nennen, brauchen mehr als die jetzt für ältere Kinder erhöhten Hartz-IV-Regelsätze.

Gewiss: Das Tafelprinzip darf nicht dazu führen, dass der Sozialstaat Gebotenes unterlässt. Dass aber erst in Verzicht auf die Nahrungsmittelhilfen der Tafeln und die damit verbundene wachsende Not der Betroffenen diese zum deutlichen Protest und den Sozialstaat zum Handeln zwingen würden, halte ich für ein Zerrbild unseres sozialen Netzes. Selbsthilfegruppen, Wohlfahrtsverbände und auch unsere Gerichte wachen zu Recht über die Ansprüche Bedürftiger.

Dazu gehören auch die vielen Aktivitäten bei Tafeln. Für sie haben die Bedürftigen Namen und Geschichte, sind sie keine statistische Größe. In ihrem Einsatz überwinden sie gesellschaftliche Barrieren, widersetzen sich dem Auseinanderdriften von Arm und Reich unserer Gesellschaft. Häufig engagieren sie sich für die Rechte der Bedürftigen, fordern etwa eine verbesserte Schuldnerberatung oder weisen Betroffene überhaupt erst auf derartige Angebote hin. Ein starker Sozialstaat braucht nicht nur ausreichende Steuereinnahmen, sondern auch solche Bereitschaft, Zeit und Fähigkeiten verlässlich einzubringen. Gut, dass es solches Engagement gibt.

(Chrismon 04.2009)

Texterörterung

Die Aufgabe

- Arbeiten Sie die Aussagen des Textes „Deine Stimme zählt - nicht“ heraus; berücksichtigen Sie dabei, wie die Autorin den Text gestaltet hat.
- Setzen Sie sich kritisch mit den Argumenten der Autorin auseinander.
- Erörtern Sie - auch über den Text hinausgehend -, ob junge Menschen bei der Durchsetzung ihrer Interessen benachteiligt sind.

Die Aufgabe verstehen

Diese Überlegungen helfen Ihnen, die Aufgabe zu bearbeiten:

- Inhalt des Textes verstehen und erfassen
- wesentliche Inhalte des Textes unter Verwendung des Konjunktivs wiedergeben
- sprachliche Gestaltungsmittel beschreiben und deren Funktion erläutern
- sich mit der im Text dargelegten Argumentation kritisch auseinandersetzen
- eine über den Text hinausgehende Frage erörtern

Die Texterörterung vorbereiten

1 *Lesen Sie den Text.*

Heike Kottmann: Deine Stimme zählt – nicht!

Die Alten haben ein mächtiges Instrument entdeckt, um sich über unsere Interessen hinwegzusetzen: VOLKSABSTIMMUNGEN sind nur theoretisch gerecht.

In Deutschland leben knapp 21 Millionen Menschen, die sechzig Jahre und älter sind; etwa vier Millionen davon sind sogar über achtzig.
Diese Zahlen sollten uns Angst machen, denn sie stehen vor allem für eines: Jeder vierte Deutsche ist alt. Das bedeutet auch: Rund die Hälfte aller Wahlberechtigten in diesem Land ist älter als fünfzig – und damit werden sie immer und überall die politische Mehrheit bilden. Kein Wunder also, dass die Löhne zwar sinken, die Renten aber nicht gekürzt werden; mit der Seniorenlobby will es sich keine Partei verscherzen. Und mit diesen Zahlen im Hinterkopf ist es plötzlich auch nicht mehr befremdlich, dass Anfang Juli in Bayern[1] eine Mehrheit für eine Verschärfung eines absurden Nichtraucherschutzgesetzes stimmt – und damit über etwas entscheidet, was vor allem viele junge Menschen betrifft und ebenso viele ziemlich ärgert: ein generelles Rauchverbot in allen Kneipen, Clubs und Gaststätten, ohne Ausnahme.
Fast alle Parteien befürworten Volksabstimmungen; auch in anderen Bundesländern wie Bremen und Nordrhein-Westfalen soll vielleicht bald per Plebiszit über den öffentlichen Nikotinkonsum abgestimmt werden. Man muss kein Raucher sein, um das ungerecht zu finden: Was geht es einen 75-jährigen Rentner aus Pullach an, ob nachts um zwei im Hinterzimmer einer Münchner Kneipe geraucht werden darf oder nicht? Wer steht morgens noch auf der Tanzfläche,

1 Am 1. August 2010 trat das durch einen Volksentscheid beschlossene bayerische Gesetz in Kraft, das ein striktes Rauchverbot für alle Gaststätten vorsieht und frühere Ausnahmeregelungen, zum Beispiel für Festzelte, rückgängig macht.

wenn die Lichter angehen, Studenten oder Senioren? Natürlich tragen die vielen jungen Nichtwähler auch Mitschuld an dem eindeutigen Ergebnis, eine wirkliche Chance aber hatten sie von Anfang an nicht. Denn: Wichtiger als gleiches (Wahl-)Recht für alle ist ein faires Wahlsystem. Der Volksentscheid ist das auf keinen Fall, jedenfalls nicht in Deutschland, wo unsere rapide alternde Bevölkerung ihn nur in der Theorie zu einem gerechten Mittel der Entscheidungsfindung macht. Das Plebiszit ist ein Machtinstrument der Rentner- und Seniorenrepublik.

Wenn in Zukunft häufiger per Volksentscheid abgestimmt wird, vielleicht sogar auf Bundesebene, wird die Lobby der Alten weiter die Themen festlegen und das Land mit einer Verbotskultur überziehen. Werden die Rentner für oder gegen einen Führerschein für 17-Jährige stimmen? Werden sie sich für oder gegen ein Alkoholverbot in der Öffentlichkeit entscheiden? Für oder gegen die Lautstärkeregelung von Open-Air-Konzerten?

Was geht es den 75-jährigen Rentner an, ob nachts im Hinterzimmer geraucht wird?

Alles Fragen, die das Altenkartell ebenso umtreiben dürften wie der Zustand unserer jungen Lungen. Man könnte ja auch mal über die Rentengarantie abstimmen, oder über Fahrerlaubnistests für 80-Jährige. Oder warum nicht gleich über ein Verbot von Klosterfrau Melissengeist? Das aber wird nicht geschehen, weil es viel Geld und noch mehr Zeit braucht, Volksentscheide auf den Weg zu bringen. Beides haben die Alten, jedenfalls mehr als Schüler, Studenten oder Berufsanfänger.

Es ist, als wollte eine Generation ihre Vergangenheit ungeschehen machen, indem sie uns verbietet, was sie selbst genossen hat. Schließlich gab es bis in die 80er Jahre fast keinen Ort, an dem nicht geraucht werden durfte. Alkoholkontrollen für Autofahrer existierten praktisch nicht, zumindest in ländlichen Regionen. Eigentlich seltsam, dass die Mehrzahl dieser ehemals lebensfrohen Senioren in der Regel konservativ wählt. Je nach Thema steht bei manchen Volksentscheiden so leider nicht nur rechnerisch von Anfang an das Ergebnis fest – wie letzten Monat in Hamburg die Abstimmung über die Verlängerung der gemeinsamen Grundschulzeit auf sechs Jahre gezeigt hat; in den Stadtteilen mit einem großen Anteil von über 65-Jährigen war die Wahlbeteiligung nämlich besonders hoch. „Es ist eine neue Bürgerwehr entstanden. Sie schleppt nicht mehr Spieße und Hellebarden mit sich herum; sie arbeitet mit Stimmzetteln", schreibt die „Süddeutsche Zeitung" über den Trend zur Volksabstimmung.

Die Befürworter sollten aber eines nicht vergessen. Es ist die Stärke der repräsentativen Demokratie, nicht nur die Interessen von sozial Schwachen, sondern von Minderheiten zu schützen; also auch die Interessen der Jugend.

In fünfzig Jahren werden nach Schätzungen des Statistischen Bundesamtes rund vierzig Prozent der Gesamtbevölkerung älter als sechzig Jahre sein. Diese große Interessengemeinschaft wird sich weiter durchsetzen und uns mittelfristig nicht nur das Rauchen verbieten. Wir Jungen zahlen in jedem Fall die Zeche.

(Heike Kottmann in: NEON, Rubrik „Meine Meinung", September 2010)

2 *Wie wirkt der Text auf Sie? Notieren Sie Ihren ersten Leseeindruck.*

____

____

3 *Klären Sie die Begrifflichkeiten Plebiszit (Z. 17), Lobby (Z. 9) und Kartell (Z. 38).*

____

____

____

4 *Formulieren Sie einen Einleitungssatz, der Aussagen über die Publikationsdaten und die Textsorte enthält.*

____

____

____

Tipp
Vgl. Arbeitstechnik „Sachtextanalyse schreiben", S. 22
vgl. Arbeitstechnik „Konjunktiv I oder Konjunktiv II verwenden", S. 19

5 *Formulieren Sie in einem oder zwei Sätzen das diskutierte Thema, die sogenannte Themenfrage, dieses Textes.*

____

____

____

Ein Thesenreferat verfassen

1 *Markieren Sie die zentralen Begriffe und Aussagen des Textes.*

Arbeitstechnik — Ein Thesenreferat verfassen

Thesen vorstellen:
Im Thesenreferat geben Sie die zentralen Inhalte (Hauptthese und Nebenthesen) des Textes knapp und strukturiert wieder. Dabei stellen Sie die Position der Autorin oder des Autors kurz und mit eigenen Worten dar.

Neutralität wahren:
Die Wiedergabe der Thesen ist neutral und objektiv, also ohne Angabe der eigenen Meinung. Aussagen der Autorin oder des Autors zitieren Sie in der indirekten Rede, also in der Regel unter Verwendung des Konjunktivs.

2 *Schreiben Sie auf einem separaten Blatt das Thesenreferat des vorliegenden Textes.*

Die sprachliche Gestaltung untersuchen

1 *Analysieren Sie auf einem separaten Blatt die sprachlichen Besonderheiten des Ausgangstextes.*

a) Notieren Sie die sprachlichen Mittel, die am häufigsten vorkommen, und belegen Sie diese durch Textbeispiele.

b) Deuten Sie die Wirkung, die von ihnen ausgeht, und bewerten Sie diese.

Sich kritisch mit den Argumenten auseinandersetzen

Die Auseinandersetzung mit einem vorgegebenen Text erfordert kritische Distanz.

1 *Lesen Sie den Leserbrief.*

Heike Kottmann beschreibt ihre Angst, von den „Alten" demokratisch bevormundet zu werden, und dass die Alten sich per Plebiszit über „unsere" Interessen (welche das sind, bleibt offen) hinwegsetzen.Verschärfter Nichtraucherschutz in Bayern und die Ablehnung der Verlängerung der gemeinsamen Grundschulzeit in Hamburg durch Volksentscheide werden den Alten angelastet. Ihre Aussagen belegt sie mit statistischen Verknüpfungen des Anteils der über 65-Jährigen bei den Stimmberechtigten in Verbindung mit der Höhe der Wahlbeteiligung.
Demoskopen muss es bei derartiger Herangehensweise zur Analyse von Abstimmungsergebnissen grausen. Ich würde mich für solch eine Dünnbrettbohrung schämen.
Die Autorin scheint die Alten als monolithischen Block zu sehen, die nur zu jugendfeindlichen Denk- und Verhaltensweisen fähig sind. Meinungsvielfalt wird den Alten nicht zugetraut, schon gar nicht die Fähigkeit, an Sachargumenten orientiert Entscheidungen zu treffen.
Die Autorin scheint schlechten Umgang mit derartigen Alten gehabt zu haben. Was sie übersieht und auch andere Brandstifter übersehen, die den Generationenkrieg schüren: dass Alt und Jung vielfältig miteinander verbunden sind. Eltern und Großeltern zum Beispiel sehen sehr wohl auch die Interessen ihrer Kinder und Enkel und setzen sich für sie ein. Die Feinde der jungen Menschen sitzen ganz woanders. Man schaue nur hin, wer von der „Generation unbezahltes Praktikum" profitiert, von abgesenkten Löhnen für Berufsanfänger, von Leiharbeit (unsicher und schlechter bezahlt, Hauptbetroffene: junge Menschen) etc.
Liebe Neon-Leser/innen, bitte schaut genauer hin und lasst Euch nicht für dumm verkaufen.
Wehrt Euch gegen Antidemokraten, die wie die Autorin sagen: „Wichtiger als ein gleiches Wahlrecht ist ein faires Wahlrecht." So etwas gefährdet die Demokratie. Früher gab es mal ein Dreiklassenwahlrecht (Stimmen von Wohlhabenden zählten mehr als die von Armen). Das haben wir glücklicherweise überwunden. Was die Autorin unter fairem Wahlrecht versteht, bleibt im Dunkel. Wer soll festlegen, was fair ist?
Am demokratischen Wahlrecht, das freie, gleiche, geheime und unmittelbare Wahlen garantiert, darf nicht gerüttelt werden. Dafür sollte die Zeitschrift Neon keine Plattform bieten.
(Autorenname: 1view. Gepostet unter: http://www.neon.de/kat/318877.html [27.5.2011])

2 *Setzen Sie sich mit dem Leserbrief auseinander. Nehmen Sie ein separates Blatt.*

a) Notieren Sie, welche Argumente des Ausgangstextes der Verfasser aufgreift und wie er versucht, diese zu entkräften.

b) Werten Sie den Leserbrief aus, indem Sie ein Fazit formulieren.

c) In welchen Punkten können Sie die Sichtweise des Leserbrief-Verfassers teilen? Begründen Sie Ihre Überlegungen.

d) Fügen Sie weitere Argumente hinzu, die den Ausgangstext stützen beziehungsweise kritisieren.

Sprache und Stil

Eine Argumentation wird üblicherweise durch Belege untermauert. Diese Belege können Sie hinterfragen.

Beispiel:

> Statistische Erhebungen können Sie beispielsweise mit dem Hinweis auf den Zeitpunkt der Erhebung entkräften, wenn etwa angegebene Zahlen veraltet sind. Ferner können Sie prüfen, ob Aspekte repräsentativ oder für den vorliegenden Kontext relevant sind.

1 *Notieren Sie, mit welchen Fragestellungen die folgenden Argumentationsbelege überprüft bzw. entkräftet werden könnten.*

Hinweise auf Publikationen in öffentlichen Medien:

___

Verweise auf allgemein gültige Erfahrenswerte (den „gesunden Menschenverstand"):

___

Hinweise auf persönliche Erfahrungen:

___

Verweise auf Autoritäten:

___

Analogien:

___

Eine über den Text hinausgehende Frage erörtern

1 *Informieren Sie sich über die Relevanz von Volkabstimmungen in der Geschichte der Bundesrepublik Deutschland. Notieren Sie Ihre Ergebnisse separat.*

2 *Überlegen Sie, wie jeder in einer Demokratie auf politische Interessen aufmerksam machen kann oder wie sie durchgesetzt werden können. Ordnen Sie Ihre Assoziationen mithilfe einer Mindmap.*

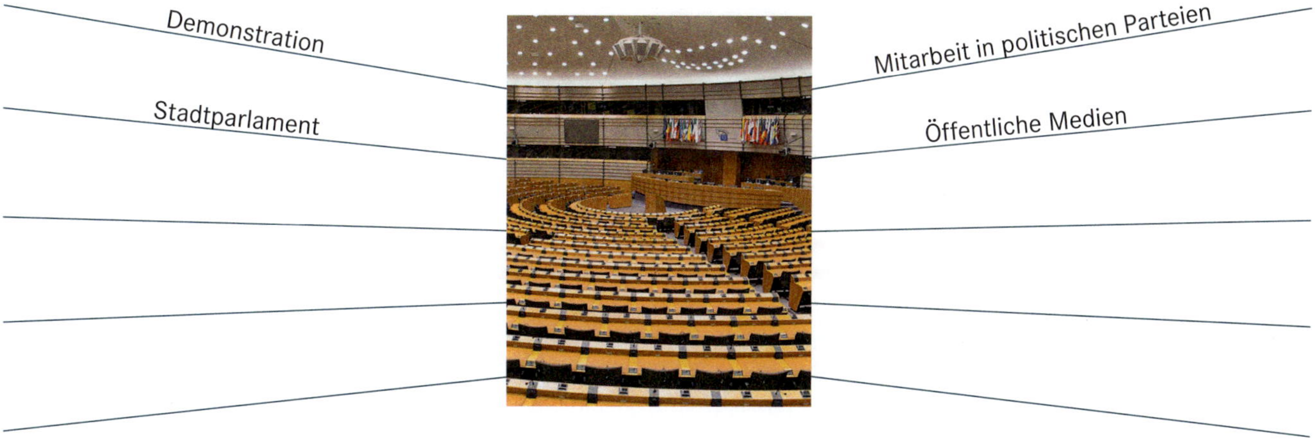

3 *Werten Sie Ihre Mindmap unter der Fragestellung aus, inwieweit Ihre genannten Aspekte Jugendlichen wirklich zur Verfügung stehen. Nehmen Sie ein gesondertes Blatt.*

4 *Erörtern Sie, wie groß das Engagement Jugendlicher ist. Nutzen Sie dazu auch den vorlegenden Auszug aus der 16. Shell Jugendstudie. Notieren Sie Ihre Gedanken auf einem gesonderten Blatt.*

16. Shell Jugendstudie: Jugend 2010 (Auszug)

Auch wenn das politische Interesse bei Jugendlichen weiterhin deutlich unter dem Niveau der 1970er und 1980er Jahre liegt, ist der Anteil der politisch Interessierten im Vergleich zu 2002 und 2006 wieder leicht angestiegen.

Dieser leichte Anstieg ist zum einen auf die mittleren und gehobenen Schichten und zum anderen auf die Jüngeren zurückzuführen. Bei den 12- bis 14-Jährigen ist das Interesse von 11 Prozent in 2002 auf mittlerweile 21 Prozent gestiegen. Und auch bei den 15- bis 17-Jährigen gab es eine positive Trendwende: In 2002 waren in dieser Gruppe 20 Prozent politisch interessiert, heute sind es 33 Prozent. Kein Anstieg ist hingegen bei den Jugendlichen im Alter von 18 bis 25 Jahren zu verzeichnen.

Stabil bleibt die politische Selbsteinschätzung der Jugendlichen: Die Mehrheit ordnet sich etwas links von der Mitte ein. Auch beim Vertrauen in gesellschaftliche Institutionen hat sich wenig geändert: Hohe Bewertungen gab es für Polizei, Gerichte, Bundeswehr sowie Menschenrechts- und Umweltschutzgruppen, niedrige für die Bundesregierung, die Kirche, große Unternehmen und Parteien. Kaum verwunderlich, dass in Zeiten der Wirtschafts- und Finanzkrise das Vertrauen in Banken am meisten gelitten hat. Entsprechend zeigt sich bei den Jugendlichen heutzutage nicht nur Politikverdrossenheit, sondern auch ein ausgeprägter Missmut gegenüber Wirtschaft und Finanzen.

Trotz der allgemeinen Politik- und Parteienverdrossenheit sind Jugendliche durchaus bereit, sich an politischen Aktivitäten zu beteiligen, insbesondere dann, wenn ihnen eine Sache persönlich wichtig ist. So würden 77 Prozent aller jungen Leute bei einer Unterschriftenaktion mitmachen. Immerhin 44 Prozent würden auch an einer Demonstration teilnehmen.

(www.shell.de)

Die Texterörterung schreiben

Die einzelnen Bestandteile zusammenfügen

Bevor Sie eine Texterörterung anfertigen, sollten Sie einen Schreibplan erstellen, der die wichtigsten Gliederungspunkte Ihres Aufsatzes enthält.

Arbeitstechnik | **Eine Texterörterung anfertigen**

Einleitung: Sie leiten Ihren Aufsatz mit näheren Angaben zum Text (Titel, Textsorte, Autor/-in, Publikationsorgan, Zeitpunkt der Veröffentlichung) und der Themenfrage ein. Das Thema verknüpfen Sie mit einer aktuellen Diskussion, die die Leser motiviert, Ihren Aufsatz zu lesen.
Hauptteil: Ihr **Thesenreferat** nimmt den ersten Teil Ihres Hauptteils ein. Danach analysieren Sie die **Argumentationsstruktur**, erläutern die **Position des Autors/der Autorin** und stellen dar, welche sprachlichen Mittel zum Einsatz kommen, und wie diese auf die Leserin oder den Leser wirken. Nach ihrer **eigenen Positionierung**, bei der Sie sich kritisch mit den Argumenten des Textes beschäftigen, erörtern Sie im Anschluss die in der Aufgabenstellung gewünschten Aspekte, die über den Text hinausgehen. Achten Sie dabei auf Schlüssigkeit und Überzeugungskraft Ihrer Argumente.
Schluss: Hier können Sie Anregungen zum Umgang mit den aufgeworfenen Fragen geben oder einen Gedanken aus der Einleitung abschließend aufgreifen.

1 *Schreiben Sie Ihre Texterörterung, indem Sie die einzelnen Bestandteile Ihrer Ausführungen miteinander verknüpfen. Nutzen Sie Ihren Schreibplan und Ihre Analyse als Arbeitsgrundlage. Benutzen Sie ein gesondertes Blatt.*

2 *Überprüfen und überarbeiten Sie die gesamte Arbeit anhand der folgenden Checkliste.*

Checkliste

Aufbau
- ☐ Habe ich die Arbeit gegliedert?
- ☐ Ist sie übersichtlich strukturiert?
- ☐ Wird mein Gedankengang auch durch Absätze deutlich?
- ☐ Habe ich sinnvolle Übergänge zwischen Einleitung, Hauptteil und Schluss sowie den einzelnen Aufgabenteilen gefunden?

Inhalt
- ☐ Habe ich Angaben zu Autor/Autorin, Titel, Textsorte und Thema gemacht?
- ☐ Führt meine Einleitung zur Aufgabenstellung hin und ist sie angemessen (Thematik, Umfang)?
- ☐ Habe ich die Haupt- und Nebenthesen erkannt und formuliert?
- ☐ Habe ich die Position des Autors/der Autorin sachlich wiedergegeben?
- ☐ Habe ich Aussagen des Autors/der Autorin im Konjunktiv wiedergegeben?
- ☐ Habe ich die Bedeutung der sprachlichen Gestaltung für den Inhalt erklärt?
- ☐ Habe ich dargelegt, ob die Argumentation stimmig überzeugt oder etwa unstimmig ist?

- [ ] Habe ich bei der Darlegung meiner eigenen Sichtweise weitere stützende Argumente oder entsprechende Gegenargumente genannt?
- [ ] Habe ich über den Text hinausgehende Fragen schlüssig und überzeugend dargelegt?
- [ ] Rundet mein Schluss die Arbeit sinnvoll ab?
- [ ] Enthält mein Schluss eine Wertung oder Verbindung zur Einleitung?

Sprachliche Gestaltung und Form

- [ ] Ist meine Arbeit im Präsens geschrieben?
- [ ] Ist mein Ausdruck klar, verständlich und angemessen?
- [ ] Habe ich meinen Aufsatz auf häufige Rechtschreibfehler überprüft?
- [ ] Habe ich Wörter nachgeschlagen, bei deren Schreibweise ich unsicher war?
- [ ] Habe ich Flüchtigkeitsfehler gefunden und korrigiert?
- [ ] Habe ich die Regeln der Zeichensetzung beachtet?
- [ ] Ist die äußere Form meiner gesamten Arbeit ansprechend?
- [ ] Ist meine Schrift gut lesbar?

Textrevision: Einen Aufsatz überarbeiten

Aus einem Schüleraufsatz liegt folgender Auszug aus dem dritten Aufgabenteil, der Erörterung, vor.

1 *Überarbeiten Sie diesen Text und schreiben Sie ihn neu. Verwenden Sie ein gesondertes Blatt.*

Tipp
Nutzen Sie die Checkliste

Die Entwicklung der deutschen Bevölkerung ist geprägt durch eine Überzahl an älteren Menschen und demgegenüber steht ein kleiner Teil junger Menschen. Eine so genannte „Seniorenlobby" ist entstanden, die eine große politische Macht besitzt und versucht ihre Interessen durchzusetzen. Sollte es in der Bundesrepublik Deutschland nicht auch möglich sein, Wege zu finden, um die politischen Interessen der Jugend durchzusetzen?

In der Problematik der Effizienz der Einflussnahme von jungen Menschen in der Politik ist zuerst zwischen zwei differenzierten Gruppen von jungen Menschen zu unterscheiden – den wahlberechtigten und minderjährigen, nicht wahlberechtigten jungen Menschen. Die letztere Gruppe trägt, wenn überhaupt, nur passiv zur Politik bei. Sie besitzen keine Möglichkeit, sich in der Politik einzubringen, da sie keine Wahlberechtigung besitzen. Vielmehr ist die Gruppe der jungen Menschen über achtzehn bis plus minus 30–35 in Erwägung zu ziehen. Aber auch die haben es heutzutage schwerer politisch mitzuwirken, finde ich. Zum einen wird unser politisches Interesse zu spät geweckt und dann gibt es noch die „Interessengruppe Rheumadecke". Keiner möchte sich mit ihr anlegen. Aber warum? Weil sie die Hälfte der Wählerschaft sind? Nein, sie haben nur das, was jungen Menschen fehlt: Zeit und vor allem Geld. Und wir Jugendlichen müssen mit ihren Entscheidungen leben. Dabei gehen unsere beiden Lebensstile in völlig verschiedene Richtungen. Die Alten wollen es ruhig angehen, wir Jugendlichen wollen aber auch die Freiheiten haben, die sie hatten. Sie sollten nicht vergessen, dass sie in den 60ern groß geworden sind, einer Zeit der Meinungsfreiheit und Liebe.

Politisch fair ist das alles nicht!

Mein persönlicher Lerncheck

Schätzen Sie Ihren Lernstand in Hinblick auf die Aufgabe „Texterörterung" ein.
Beziehen Sie auch die Übungen zur Textüberarbeitung mit ein.
Schreiben Sie die Vorlage zum persönlichen Lerncheck von der vorderen Umschlagseite dieses Arbeitsheftes ab und füllen Sie diese aus.

Weiterschreiben

Wenn Sie nach einer weiteren Trainingsmöglichkeit für diese Aufgabenart suchen, befassen Sie sich mit dem Text „Der Energie-Zickzack" und der folgenden Aufgabe.

- **Arbeiten Sie die Aussagen des Textes „Deine Stimme zählt – nicht" heraus; berücksichtigen Sie dabei wie die Autorin den Text gestaltet hat.**
- **Setzen Sie sich kritisch mit den Argumenten der Autorin auseinander.**
- **Erörtern Sie – auch über den Text hinausgehend –, inwiefern jeder Einzelne sich für die Umwelt einsetzen kann.**

Alexandra Borchardt: Der Energie-Zickzack

Einige haben Grün gewählt, andere finden Grün zumindest sympathisch, und wieder andere haben Parteien gewählt, die heute grüner reden, als es manch ein Grüner vor zehn Jahren je gewagt hätte. Die Deutschen sind also vorbereitet auf einen ökologischen Umbau der Wirtschaft. Mittlerweile dämmert es vielen Bürgern, dass da noch einiges auf sie zukommt: Wird ihnen doch täglich eine neue Idee dafür präsentiert, wie sie künftig mit ihrem Geld die Erde, die Umwelt, den Staatshaushalt oder zumindest den Straßenbauetat retten sollen.

Waren es in der vergangenen Woche die Dieselsteuer-Pläne der EU und davor die Debatte um den ungeliebten Biosprit E10[1], ist seit Wochenbeginn wieder einmal die Straßenmaut in der Diskussion. Wie schon zuvor wird sie dort wohl nicht lange bleiben, und das ist gut. Denn diese Abgabe gehört zu jenen Bausteinen, die auch mit viel Mühe nicht hineinpassen in ein Gesamtkonzept dafür, wie die deutsche Wirtschaft grüner werden könnte.

Die seit Fukushima[2] entbrannte Diskussion über die Energiewende erfüllt alle Voraussetzungen dafür, die Bürger als Financiers des Staates und als Konsumenten hochgradig zu verunsichern. Wird Strom teurer oder Diesel? Wie belastet energetische Sanierung das Mietbudget? Wie treiben steigende Energiepreise den Preis von Konsumgütern? Und nun auch noch: Wird eine Maut den Autofahrer fürs Fahren bestrafen? All das sind Fragen, die mitten in die Lebensqualität eines jeden Einzelnen hineinreichen. Die hektischen Reaktionen aus Politik, Wirtschaft und Wissenschaft, die wahlweise beschwichtigen („wird schon nicht so teuer"), warnen („wird unbezahlbar") oder vom Zukunftsnutzen schwärmen („in 15 Jahren rechnet sich das") zeigen, dass das Problem erkannt ist. Zur Beruhigung tragen sie nicht bei.

Die Maut hat zwei Sorten von Befürwortern. Es gibt jene, die meinen, Deutschlands Straßen bräuchten dringend eine Art Schutzprogramm, und der Gerechtigkeit wegen sollten das doch deren Nutzer finanzieren. Und dann gibt es jene, denen jeder Weg recht ist, das Autofahren im Sinne einer wirkungsvollen Umweltpolitik teurer zu machen. Schließlich verschmutzen Autos die Luft, belasten

1 Biosprit E10: Anfang 2011 eingeführte Benzinsorte mit 10 Prozent Bio-Ethanol.
2 Fukushima: Region in Japan. Sie erlebte im Frühjahr 2011 eine Nuklearkatastrophe.

das Klima, verschlingen Energie und wertvolle Flächen, ohne dass die Verursacher dieser Probleme bislang angemessen dafür zahlen würden.

Der ersten Pro-Maut-Fraktion lässt sich entgegnen, dass sich umfassender Straßenausbau nicht mit einer nachhaltigen Wirtschaftspolitik verträgt. Es ist eine Binsenweisheit, dass ein Mehr an Straßen mehr Verkehr bringt. Das kann nicht im Sinne der derzeit so heiß ersehnten Energiewende sein. In deren Mittelpunkt sollte stehen, Verkehr zu vermeiden, oder ihn in Richtung Bahn zu kanalisieren, die in etwa das Gleiche an Energie verbraucht, egal ob 20 oder 220 Menschen im Zug sitzen.

Außerdem widerspricht es dem deutschen Verständnis von Staatsfinanzierung, wenn jeder Minister, der etwas klamm ist, eine Extra-Idee für zweckgebundene Abgaben[3] ersinnt. Es ist ein wichtiges Prinzip, dass die vom Volk gewählten Repräsentanten darüber entscheiden, wie das Geld dieses Volkes jeweils eingesetzt werden soll. Würde jeder Bürger seine Abgaben mit dem Etikett Straße, Schule oder Krankenhaus versehen, müsste Deutschland mit weit weniger Staat auskommen.

Der zweiten Pro-Maut-Fraktion ist zu sagen: Aus Umweltgründen spricht viel dafür, Autofahren je nach Fahrleistung teurer zu machen. Doch dies regelt der Benzinpreis am effizientesten – wenn auch nicht aus Politikersicht, weil Kraftstoffsteuern höchst unpopulär sind. Keine andere Maßnahme lässt den Autofahrer so wirksam über Modellwahl und Fahrgewohnheiten nachdenken wie der allwöchentliche Besuch an der Zapfsäule. Eine Maut würde lediglich mit Blick auf jene Autofahrer nützen, die im billigeren Ausland tanken und Deutschland als Transitland benutzen. Soll die Maut gerecht sein, erfordert sie hohe Investitionen, die derzeit – Stichwort Energiewende – anderswo nötiger wären. Sie ist bürokratisch und datenschutzrechtlich kompliziert, denn nicht jeder möchte genau dokumentiert haben, wohin er wann gefahren ist. Jahrespauschalen hingegen berücksichtigen weder den Verbrauch noch die Umweltfreundlichkeit des Autos, wie dies die KFZ-Steuer zumindest versucht.

Deutschland und Europa brauchen eine schlüssige, konsistente Energiepolitik, die jeden einzelnen Energieverbraucher danach belastet, wie viel er konsumiert – sei es den Autofahrer, die Industrie oder den Hausbewohner. Nur über eine solche echte ökologische Steuerreform zahlen sich Investitionen in mehr Effizienz aus. Und die werden für eine umweltverträgliche Energiepolitik dringend gebraucht.

Manches an der Energiewende wird den Konsumenten weh tun, aber Schmerzen lassen sich bekanntlich besser aushalten, wenn man die Krankheit kennt und also weiß, irgendwann sind die Schmerzen vorbei – und hinterher geht es einem vielleicht besser als je zuvor. Wichtig ist deshalb ein breiter gesellschaftlicher Dialog über das Leiden und die passende, also eine erträgliche und ertragreiche Therapie. Ein politischer Zickzackkurs wird der Behandlung nur schaden.

(Süddeutsche Zeitung, 19.4.2011)

3 zweckgebundene Abgaben: Zahlungen der Bürger an öffentliche Einrichtungen

Analyse eines Sachtextes: Die Glosse

Die Aufgabe

Analysieren Sie den Text „Es ist so unberechenbar wie ‚Germany's next Topmodel'" von Harald Martenstein.
- Fassen Sie die Aussagen des Textes zusammen.
- Analysieren Sie die Argumentationsstruktur und untersuchen Sie in diesem Zusammenhang den Einsatz sprachlicher Mittel.
- Erörtern Sie die Position des Autors.

Die Aufgabe verstehen

Diese Überlegungen helfen Ihnen, die Aufgabe zu bearbeiten:
- die Publikationsdaten wiedergeben und die Textsorte klassifizieren
- das Thema des Textes kurz benennen
- Inhalt und Aufbau des Textes verstehen und erfassen
- sprachliche Gestaltungsmittel analysieren und deren Funktion erläutern
- die argumentative Aufbereitung der Aussage erkennen und beschreiben
- die Textintention herausarbeiten

Die Analyse der Glosse vorbereiten

1 *Lesen Sie den Text.*

Harald Martenstein

„Es ist so unberechenbar wie ‚Germany's next Topmodel'"

Harald Martenstein über die Schattenseiten seines neuen Smartphones

Was die Krise des Fortschritts betrifft, kann ich mitreden. Ich besitze neuerdings ein sogenanntes Smartphone, Marke Motorola, Testsieger in einer Fachzeitschrift, versehen mit einem sogenannten Touchscreen. Das ist eine Art Glasplatte, ähnlich wie das Ceranfeld[1] beim Herd oder der Bildschirm beim Fernseher. Man tippt nicht auf Knöpfen herum, sondern berührt mit dem Finger das Ceranfeld, und das Handy führt dann die Befehle aus. Dies ist der Fortschritt. Alle haben jetzt solche Handys, sie sind auch viel teurer. Ein iPhone habe ich deswegen nicht gekauft, weil ich zeigen will, dass ich ein Mann aus dem Volk bin und kein Dandy[2]. Das iPhone besitzt mein Sohn.
Von glatten Flächen geht, seit dem Anbeginn aller Zeiten, eine spiegelnde Wirkung aus. Es gibt antike Mythen, die dieses Problem behandeln, zum Beispiel die Geschichte von Narziss[3]. Der Jüngling Narziss blickte auf einen glatten Teich, sah sein Spiegelbild, verliebte sich in sich selber und ertrank beim Versuch, sich zu küssen. Ich bin und bleibe ein Anhänger des Gymnasiums.
Wenn ich im Hellen stehe und das Handy klingelt, sehe ich nicht, wer anruft. Dies könnte ich vielleicht verschmerzen. Ich kann aber auch den Anruf nicht

1 Ceranfeld: Herdplatten aus Glaskeramik
2 Dandy: junge Engländer, die im 18. Jahrhundert begannen, sich durch auffällige Kleidung, Sprache, Lebensform abzugrenzen
3 Narziss: selbstverliebter Jüngling aus der griechischen Mythologie

annehmen. Um den Anruf anzunehmen, müsste ich nämlich mit dem Finger eine bestimmte Stelle auf der Oberfläche des Handys berühren. Weil ich aber nichts sehe auf dieser Oberfläche, geht das nicht. Folglich muss ich, sobald es klingelt oder wenn ich jemanden dringend erreichen möchte, sehr schnell eine schattige oder dunkle Stelle aufsuchen. Nicht immer gelingt dies. Wegen des Fortschritts hat mein Leben sich verdunkelt. In einer Wüste, wo immer die Sonne scheint, wäre ich telefonisch nicht erreichbar, ich müsste verdursten.
Ich frage mich, wieso ein teures Handy, welches, im Gegensatz zu billigen Handys, nur im Schatten funktioniert, den Menschen als ein zivilisatorischer Fortschritt erscheint. Meine skeptische Haltung, den Menschen betreffend, ist durch mein neues Shadowphone gewachsen.
Das oder der oder die Touchscreen ist außerdem sehr schnell von einer ekligen Schmiere aus Fingerfett bedeckt, es verkratzt schnell, und es reagiert nur mit einer gewissen zeitlichen Verzögerung. Wenn ich etwas mit dem Shadowphone machen will, meistens will ich jemanden anrufen, dann reagiert es nicht, und ich werde nervös. Wenn ich dann, um mich zu beruhigen, das Gerät in meine Jackentasche stecke, ruft das Gerät von sich aus Menschen in der Dritten Welt an, denen ich außer Solidaritätsbekundungen nichts zu sagen habe. Die Sensibilität eines Touchscreens ist so unberechenbar wie das Seelenkostüm von Germany's next Topmodel. Seit ich dieses Gerät besitze, ist mir überhaupt erst klar geworden, was für eine großartige Erfindung der Druckknopf oder die Taste gewesen ist. Die Taste reagiert blitzschnell, ist leicht zu reinigen, und sie funktioniert bei jedem Wetter, wie ein Klappspaten oder eine Saftpresse.
Touchscreens sind eben komplizierte technische Systeme. Entgegen offiziellen Beteuerungen gibt es ständig Störfälle. Auch in diesem Fall hat die Menschheit eine Technologie geschaffen, die sie nicht wirklich im Griff hat. Es herrscht ein blinder Optimismus, Risiken werden verdrängt. Das oder der Touchscreen ist ein weiteres Exempel für den gescheiterten Umgang der Menschheit mit Technik. Nicht alles ist machbar. Eine spiegelglatte, glasähnliche Fläche, die nicht spiegelt, ist zum Beispiel nicht machbar. Ich habe die Restlaufzeit meines Handys verkürzt.

(ZEIT ONLINE, 28.4.2011)

Harald Martenstein, geb.1953, studierte Romanistik und Germanistik und arbeitet als Schriftsteller und Journalist. Für seinen investigativen Journalismus wurde er mehrfach ausgezeichnet, zum Beispiel 2004 mit dem Egon-Erwin-Kisch-Preis. Seit 2002 schreibt er die Kolumne „Lebenszeichen" für das „ZEIT-Magazin", wofür er 2008 den Henri-Nannen-Preis in der Kategorie „Humor" erhielt. Seine Kolumnen sind auch in Buchform erschienen.

Den Inhalt des Textes verstehen und wiedergeben

1 *Stellen Sie die Angaben zur Publikation zusammen und bestimmen Sie die Textsorte auf einem separaten Blatt (s. Basiswissen „Textsorten", S. 18).*

2 *Benennen Sie kurz das Thema des Textes.*

3 *Vergegenwärtigen Sie sich, welche Fragen der Autor aufwirft. Wählen Sie vier Fragen aus und belegen Sie diese mit Textstellen. Weisen Sie mit Textbelegen nach, wie Martenstein diese Fragen beantwortet.*

a) Sind technische Neuerungen immer ein wirklicher Fortschritt?

b) Beherrscht der moderne Mensch in aller Regel die Technik?

c) Warum streben so viele junge Menschen nach dem Besitz eines iPhones?

d) Warum lassen sich moderne Menschen zu kritikloser Technikaffinität verleiten?

e) Welche Vorteile hat die moderne Kommunikationstechnologie?

f) Lassen sich die Erfahrungen mit dem Smartphone verallgemeinern?

Frage	Textstelle	Antwort	Textstelle

4 *Markieren Sie zentrale Begriffe und Aussagen des Textes. (s. Arbeitstechnik „Close Reading“, S. 81)*

5 *Erläutern Sie, welche Haltung des Autors sich in diesen Textstellen widerspiegelt.*

6 *Skizzieren Sie auf einem separaten Blatt, welche Rolle die Kernaussage im öffentlichen Diskurs spielt.*

Basiswissen **Merkmale der Glosse**

Je nach Darstellungsform stehen bei der journalistischen Kommunikation drei unterschiedliche Intentionen im Vordergrund:

- informativ → Fakten, Tatsachen (z. B. Bericht, Nachricht)
- persuasiv[1] (meinungsbildend) → Meinungen, Appelle (z. B. Glosse, Kommentar)
- unterhaltend → Fiktion (z. B. Comic, Fortsetzungsroman)

Die Glosse als kurzer **persuasiver Text** kann eine **große Bandbreite von Themen** behandeln: Tagespolitik, Alltagsgeschehen, allgemeine Zeiterscheinungen und andere. Sie möchte auf eine Fehlentwicklung aufmerksam machen. Dabei geht es weniger um die abwägende Kommentierung eines Vorgangs. Vielmehr möchte die Glosse durch die ironisch-polemische Ausleuchtung eines Themas entlarvend provozieren, spöttisch und witzig eine Sache oder Person lächerlich machen, mitunter auch bissig-boshaft Tabus brechen. Durch die **unterhaltsame, elegante, amüsante Darstellung** wird die Aufmerksamkeit der Lesenden erhalten. Sie fühlen sich zum Nachdenken angeregt, in ihrer Meinung bestätigt, eventuell verunsichert oder ertappt. Dies zeigt, dass der Autor oder die Autorin mit der Textart Glosse die Meinungsbildung der Zielgruppe beeinflussen möchte. **Merkmale der Glosse** sind:

Aufbau
Einstieg: Titel deutet das Thema nur an, ist mitunter sogar irreführend; es folgt eine Einführung, etwa über eine Szenenbeschreibung oder ein Zitat
Hauptteil: ironischer Grundton herrscht vor; konkrete Beispiele sind oft unrealistisch und übertrieben
Schluss: meist in Form einer überraschenden, geistreichen Pointe

Sprache: lebendig; elegante und gehobene Sprache neben Umgangssprache mit Stilwechseln und Brüchen
Satzbau: komplexe Hypotaxen, längere parataktische Reihungen, aber auch kurze Sätze; rhetorische Stilmittel (Anaphern, Ellipsen, rhetorische Fragen etc.) (s. Basiswissen „Satzbau“, S. 62)
Wortwahl: treffende Adjektive, rhetorische Stilmittel (siehe Übersicht über rhetorische Figuren auf der Umschlagseite)

1 persuasiv von lat. persuadere: überzeugen, überreden

Den Aufbau des Textes analysieren

1 *Gliedern Sie den Text in Sinnabschnitte und formulieren Sie passende Überschriften. Nehmen Sie ein gesondertes Blatt.*

2 *Untersuchen Sie, welche Schreibformen der Autor in den jeweiligen Abschnitten nutzt (s. oben Basiswissen „Merkmale der Glosse“).*

Die Funktion von Sprache und Stilmitteln erläutern

1 ***Heben Sie mit unterschiedlichen Markierungen sprachlich-stilistische Mittel hervor und beschreiben Sie deren Wirkung.***

2 ***Formulieren Sie ein Ergebnis aus Ihrer Untersuchung der Sprach- und Stilmittel in Form eines argumentierenden Dreischritts.***

Tipp
vgl. Übersicht über rhetorische Figuren auf der Umschlagseite

Arbeitstechnik – Den argumentierenden Dreischritt anwenden

Wenn Sie Ergebnisse einer Textanalyse wiedergeben, müssen Sie Ihre Beobachtungen benennen und deuten. Dies gelingt am überzeugendsten mit Hilfe des **argumentierenden Dreischritts:**

1. Schritt: Formulieren Sie Ihre Beobachtung zunächst als Behauptung.
Beispiel: *„Der Autor ist der Auffassung, dass die Errungenschaften moderner Technik häufig überschätzt werden. Als Beispiel führt er sein Smartphone an."*
2. Schritt: Wählen Sie Textstellen aus, mit denen Sie Ihre Behauptung belegen können. Nutzen Sie für Ihre Argumentation Fachbegriffe. Beispiel: *„Die Anglizismen, mit denen das Produkt und seine Bestandteile aufgewertet werden sollen, versieht der Autor mit dem wiederholten Zusatz ‚sogenannt' (Z. 2, 3)."*
3. Schritt: Erläutern Sie, inwiefern die sprachlichen Mittel Ihre Behauptung stützen.
Beispiel: *„Der Autor greift die fachsprachlichen Anglizismen zwar auf, signalisiert aber eindeutig seine kritische Distanz zum Benannten. Durch die gespielte Hilflosigkeit in Bezug auf die grammatische Einordnung des Wortes ‚Touchscreen' macht er dies deutlich."*

Die Argumentation des Textes beschreiben

1 ***Beurteilen Sie, wie der Autor seine Gedanken argumentativ aufbereitet.***

a) Untersuchen Sie, ob der Autor die Ihnen bekannten Argumentationstechniken anwendet (vgl. Basiswissen „Argumenttypen", S. 20).

b) Beschreiben Sie auf einem separaten Blatt, wie der Autor der Leserschaft seine Einstellung nahebringen möchte.

Die Sachtextanalyse schreiben

1 *Skizzieren Sie auf einem gesonderten Blatt eine Gliederung. Greifen Sie alle wichtigen Ergebnisse Ihrer Analyse auf, ohne sich in Details zu verlieren. Orientieren Sie sich dabei an der klassischen Dreiteilung in Einleitung, Hauptteil, Schluss.* *(Vgl. Arbeitstechnik „Eine Sachtextanalyse schreiben“, S. 22)*

Arbeitstechnik **Arbeitsergebnisse schlüssig zusammenführen**

Gedankengänge werden besonders durch abwechslungsreiche und aussagekräftige **Konjunktionen** erkennbar, beispielsweise: **anreihend** (auch, des Weiteren, ferner), **begründend** (daher, demnach, denn, weil), **einschränkend** (insoweit, sofern), **entgegensetzend** (aber, freilich, gleichwohl), **folgernd** (also, demnach, folglich), **gegensätzlich** (indessen, wogegen, zwar ... aber).

2 *Schreiben Sie die Sachtextanalyse und berücksichtigen Sie dabei die Arbeitstechnik „Arbeitsergebnisse schlüssig zusammenführen“.*

Arbeitstechnik **Wiedergabe von Zitaten**

Auszüge aus einem Text oder Redebeiträge von Gesprächspartnern können Sie auf unterschiedliche Weise wiedergeben. Wenn Sie Zitiervarianten nutzen, vermeiden Sie stilistische Monotonie.
Indirekte Rede: Wenn Sie sinngemäß korrekt zitieren möchten, müssen Sie den Konjunktiv verwenden (vgl. „Arbeitstechnik Konjunktiv I oder Konjunktiv II verwenden“, S. 19): *„Der Autor führt aus (beginnt mit, bekräftigt, legt dar etc.), durch seine Erfahrungen mit dem Smartphone habe sich seine skeptische Haltung den Menschen gegenüber verstärkt.“*
Redebericht: Das berichtende Wiedergeben von Äußerungen Dritter ist ebenso in der 3. Person, Indikativ möglich: *„Der Autor äußert sich enttäuscht über den angeblichen Zusatznutzen eines Smartphones.“*

3 *Überprüfen Sie Ihren Aufsatz mit Hilfe der Checkliste.*

Checkliste

Einleitung
- ☐ Enthält sie alle Publikationsdaten?
- ☐ Habe ich das Thema des Textes kurz und schlüssig benannt?

Hauptteil
- ☐ Habe ich Merkmale und Wirkung der Einzelelemente des Textes dargestellt?
- ☐ Habe ich die Gedanken des Autors korrekt und wertfrei wiedergegeben?
- ☐ Habe ich meine Ausführungen inhaltlich und optisch schlüssig strukturiert und durch Überleitungen verknüpft?
- ☐ Habe ich Wiederholungen vermieden?

Schluss

☐ Bilden Einleitung und Schluss eine inhaltliche Klammer?
☐ Ist mir eine zusammenfassende Abrundung des Aufsatzes gelungen?

Aufgabenstellung und Form

☐ Habe ich die Aufgabenstellung immer im Blick behalten?
☐ Habe ich die Analyseergebnisse mit korrekten und passenden Zitaten belegt?
☐ Habe ich Orthografie, Zeichensetzung, Grammatik und Konjunktiv beachtet?
☐ Habe ich den Aufsatz in der klassischen Dreiteilung aufgebaut?

Textrevision: Einen Aufsatz überarbeiten

Die folgenden Sätze sind verschiedenen Schülerarbeiten entnommen und fehlerhaft. Korrigieren Sie die inhaltlichen Fehler auf einem gesonderten Blatt.

1. *„Der Autor nutzt mit der Ironie ein für die Glosse typisches Stilmittel und behält diesen Grundton während seiner gesamten Ausführungen bei."*
2. *„Der Autor will mit seiner Schilderung des problematischen Umgangs mit einem Smartphone Menschen bloßstellen, die sich ein solches Gerät als Statusobjekt zulegen."*
3. *„Der Autor gibt Erläuterungen zum Smartphone ab, die für seine Zielgruppe sinnvoll und hilfreich sind."*

Mein persönlicher Lerncheck

Schätzen Sie Ihren Lernstand in Hinblick auf die Aufgabe „Eine Sachtextanalyse schreiben" ein. Schreiben Sie die Vorlage zum persönlichen Lerncheck von der vorderen Umschlagseite dieses Arbeitsheftes ab und füllen Sie diese aus.

Weiterschreiben

Wenn Sie nach einer weiteren Trainingsmöglichkeit für diese Aufgabenart suchen, befassen Sie sich mit dem folgenden Text und der vorliegenden Aufgabe.

- **Analysieren Sie den folgenden Text von von Harald Martenstein.**
- **Nehmen Sie aus der Perspektive Ihrer eigenen Erfahrungen Stellung zu Martensteins Aussagen.**

Harald Martenstein
findet ein technisches Wundermittel gegen die Bildungskrise

„Endlich können Schüler Musik hören, statt im Unterricht mitzuschreiben"

Für diese Kolumne möchte ich mich bei Thomas Vitzthum und Lucas Wiegelmann bedanken. Sie haben in der *Welt am Sonntag* eine interessante Reportage geschrieben. Die Ausgangsfrage war folgende: In Deutschland wird Jahr für Jahr mehr Geld für Bildung ausgegeben. Gleichzeitig verschärft sich die Bildungskrise ununterbrochen. Was geschieht eigentlich mit dem ganzen Geld?
Seit einigen Jahren verschwinden aus den Klassenzimmern die Schultafeln. Es heißt, Schultafeln und Kreide, das sei vorgestrig und bildungsbürgerlich.

Stattdessen werden sogenannte Whiteboards eingesetzt, einen deutschen Namen dafür gibt es nicht. Whiteboards sind eine fortschrittliche Bildungsidee, ähnlich wie Mengenlehre, Ganzwortmethode oder jahrgangsübergreifender Unterricht. Es sind weiße Flächen, die von einem an der Decke befestigten Beamer angestrahlt und mit unsichtbarer Farbe beschrieben werden. Wenn der Beamer ausgeschaltet wird, verschwindet das Geschriebene. Die Bilder und Texte auf der neuartigen Tafel werden im Computer gespeichert, man kann sie ausdrucken. Die Schüler müssen nichts mehr abschreiben oder mitschreiben. Sie können während des Unterrichts etwas anderes tun, etwa Musik hören. Hinterher holen sie einfach den Ausdruck ab, oder sie laden den Unterricht zu Hause herunter. Das Ideal einer Schule, zu der man nicht mehr hingehen muss und zu deren Besuch keine Schreibkenntnisse erforderlich sind, scheint mit einem Mal zum Greifen nah.

Inzwischen gibt es etwa 30.000 Whiteboards in deutschen Schulen. Sie sind selbstverständlich recht teuer, 2.000 bis 4.500 Euro. Sie sind aber auch störungsanfällig. Man muss sie oft neu einstellen, sie mögen weder Erschütterungen noch Temperaturschwankungen, in dieser Hinsicht reagieren sie ähnlich wie ein ICE. Finanziert wurden die meisten Whiteboards, das haben die Reporter herausgefunden, aus dem Konjunkturpaket[1] der Bundesregierung. Es sollte die Folgen des Börsencrashs mildern und der Industrie Gutes tun. Das Programm stellte auch Geld für die Sanierung der Schulen zur Verfügung, die Schulen sollen weniger Energie verschwenden. Die Whiteboards verbrauchen allerdings sehr viel Energie. Es konnte folglich passieren, dass eine Schule umgebaut wurde, um Strom und Heizkosten zu sparen, während gleichzeitig Whiteboards aufgestellt wurden, die den Einspareffekt gleich wieder zunichtemachten.

Man hatte auch, wie so oft in der Geschichte, den menschlichen Faktor nicht eingerechnet. Im Konjunkturpaket waren keine Mittel für Lehrerfortbildung vorgesehen, Lehrerfortbildung hat nämlich keine messbaren Auswirkungen auf die Binnenkonjunktur. Offenbar haben nun viele Lehrer Probleme mit der Benutzung dieser komplexen Geräte, man darf die Dinger zum Beispiel nicht zu schnell bedienen, dann streiken sie. Man muss oft den Filter austauschen, der von den Firmen übrigens keineswegs kostenlos abgegeben wird. Es dauert auch immer eine ganze Weile, bis das Whiteboard hochgefahren ist. Und über allem steht die Frage, was geschehen soll, wenn die Whiteboards eines vermutlich nicht allzu fernen Tages endgültig kaputt sind und ausgetauscht werden müssen. Das Konjunkturprogramm gibt es dann ja nicht mehr. Im Grunde müssen die Schulen auf einen zweiten Börsencrash hoffen.

Auf die Frage, ob ich mich einer eventuell demnächst vorhandenen konservativen Partei anschließen würde, kann ich nur antworten: Es ist wenig wahrscheinlich. Aber wenn diese Partei die Wiedereinführung der Schultafel in ihr Programm aufnimmt, wäre ich zumindest einen Augenblick lang in Versuchung.

(ZEIT-Magazin Nr. 40, 30.9.2010)

1 Konjunkturpaket: 2009 vom Bundestag beschlossen, um die Auswirkungen der internationalen Finanzkrise einzudämmen; das Programm stellte unter anderem Gelder für Schulen zur Verfügung.

Verfassen eines Essays

Die Aufgabe

- Verfassen Sie Abstracts zu den Materialien 1 bis 3.
- Schreiben Sie einen Essay zu der Fragestellung: „Was ist gute Unterhaltung?“

Die Aufgabe verstehen

Diese Überlegungen helfen Ihnen, die Aufgabe zu bearbeiten:

- die wichtigen Informationen der im Folgenden abgedruckten Materialien herausarbeiten
- nach weiteren Informationen und Argumenten zum Thema „Gute Unterhaltung“ suchen
- Gefühle zu diesem Thema benennen
- Forderungen, Bitten und Aufrufe formulieren
- Erzählpassagen, erfundene Gespräche und Visionen erarbeiten
- heitere, ironische sowie witzige Sätze formulieren

Den Essay vorbereiten

Informationen auswerten – einen Abstract verfassen

1 *Informieren Sie sich zum Thema „Gute Unterhaltung“ mit Hilfe der folgenden Materialien.*

Material 1

Material 2

In der Essay-Sammlung „Recht gefühlsecht“ setzt sich Georg M. Oswald mit dem Thema der deutschen TV-Gerichtsshows auseinander.

Georg M. Oswald: Recht gefühlsecht (Auszug)

„[...] Nun wäre es allerdings verfehlt, im vulgären Voyeurismus[1] das ganze Erfolgsgeheimnis der Gerichtsshows zu sehen. Den hat es zuvor auch schon bei den Nachmittagstalkshows gegeben, die stark an Interesse verloren haben. Die ehemalige Nachmittagstalkshow-Queen Arabella Kiesbauer übt denn auch fundamentale Kritik: „Ich habe keine Lust, gegen verlogene Talk- und Gerichtsshows anzutreten. Unglaublich, in welche Richtung sich das Fernsehen am Nachmittag entwickelt hat.“ Nun ja, die sogenannten Themen sind wohl im Großen und Ganzen die gleichen geblieben, und auch was die Verlogenheit betrifft, konnten die gewohnten Standards gehalten werden, aber die Gerichtsshows bieten noch mehr. Was, weiß Gisela Marx von der Produktionsfirma Filmpool, die sich selbst als Erfinderin dieses Formats bezeichnet. Sie sagt: „Ich möchte ein hochattraktives Programm machen, das sich mit meinen journalistischen und ethischen Prinzipien vereinbaren lässt. Wo gibt es ein besseres Koordinatensystem der Werte als in den Gerichten?“
Ein genialer Schachzug. Was als unselige Schlammschlacht im moralischen Nirwana keine Zukunft hatte, wird höchst erfolgreich unter richterlicher Aufsicht fortgeführt. Schlüpfer und Hosentürl werden jetzt im Namen der demokratischen Gerechtigkeit inspiziert, es muss ja sein. Jeden Nachmittag können wir nun dem starken Arm des Gesetzes bei seinem öffentlichen Griff ins Klo zusehen und müssen dabei nicht einmal ein schlechtes Gewissen haben, es geschieht ja der Hygiene wegen. Die Fragen, wie der Richter zu seinem Urteil kommt, an welche Vorschriften er selbst gebunden ist, welche Funktionen Staatsanwalt und Verteidiger wahrzunehmen haben, werden nicht gestellt. Zwar murmeln die Richter manchmal wichtigtuerisch ein paar Ziffern vor sich hin und verkünden am Ende jeder Sitzung ein Urteil, aber es ist recht deutlich erkennbar, dass dies der Zuschauer gewissermaßen nur der Vollständigkeit halber mitgeliefert bekommt. Der Richter ist in diesen Shows eine absolute Figur, der uneingeschränkte Macht besitzt. Zu allen anderen Personen im Saal spricht er wie zu störrischen Kindern: etwas lauter und mit mehr Nachdruck als üblich. Staats- und Rechtsanwälte lässt er im Wesentlichen in Ruhe, sie sind von Berufs wegen gefügig. Die Angeklagten und sonstigen am Geschehen Beteiligten rechtfertigen diese Behandlung. Sie sind infantil, ungezogen und unbelehrbar. Für die juristisch relevanten Fragen ihres Falles interessieren sie sich nicht, sie sind viel zu beschäftigt damit, einander anzubrüllen, zu beschimpfen oder zerknirscht in sich hineinzuweinen. Kein Angeklagter zeigt sich je ruhig und geschickt in seiner Verteidigung, kein Verteidiger stellt je Anträge, die Zweifel an der Verhandlungsführung des Richters formulieren. Es gibt keine Zweifel an der richterlich ermittelten Wahrheit, und es gibt keine fragwürdigen Urteile. Nie wird diskutiert, ob der Tatbestand einer Rechtsnorm erfüllt ist oder nicht. Die Gerichtsshows weiden sich an der Idiotie aus der Spur geratener Normalbürger, die, gottlob, von einer unfehlbaren Justizmaschine verwaltet werden, der dankenswerterweise keine Unmenschen vorsitzen, sondern strenge Frauen und Männer mit Herz, die hart, aber gerecht sind. *(2004)*

1 Voyeurismus = schamloser, skrupelloser Einblick in Intimsphären

Material 3

1 ***Fassen Sie die wesentlichen Informationen des Schaubildes „Gute Unterhaltung" in Stichworten zusammen.***

a) Wer belegt die Spitzenplätze?

b) Wie hat sich der Umsatz zwischen 2009 und 2010 entwickelt?

c) In welchen Bereichen investieren die Deutschen eher weniger?

d) Welche Schlussfolgerung ergibt sich?

2 ***Formulieren Sie nun auf einem gesonderten Blatt einen Abstract zu Material 1. Beachten Sie dabei die Informationen der folgenden Arbeitstechnik.***

Arbeitstechnik – Einen Abstract schreiben

Der Abstract ist eine extrem verdichtete inhaltliche Zusammenfassung und wird nach den Regeln der Inhaltsangabe verfasst. Sie sollten hierin Fremdmeinungen durch den Konjunktiv kenntlich machen oder in indirekter Rede mit Sprecherangabe und eingeleitet durch die Konjunktion „dass" wiedergeben. Die wichtigsten Aussagen oder Thesen geben Sie in eigenen Worten wieder; das Zitieren ist nicht erlaubt. Verwenden Sie für den Abstract das Präsens. Stilistisch ist der Abstract sachlich und vor allem objektiv; Meinungsäußerungen zum gestellten Thema sind nicht gestattet. Der Gesamtumfang des Abstracts bewegt sich zwischen fünfzig und einhundert Wörtern.

3 *Schreiben Sie zu den beiden anderen Materialien Abstracts auf einem gesonderten Blatt.*

a) Abstract zu Material 2: Achten Sie beim Abfassen des Abstracts auf folgende Stichworte: Themen der Gerichtsshows, Begründung der Produktionsfirmen, auftretende Figuren, Unterscheidung zwischen realen Verhandlungen und Gerichtsshows.

b) Abstract zu Material 3: Achten Sie beim Abfassen des Abstracts auf folgende Stichworte: Aktivität der Eltern, Wunsch des Kindes, Bedeutung der Sprechblase, Kritik des Karikaturisten.

Inhalte für den Essay zusammenstellen

1 *Fertigen Sie eine Mindmap zur Frage „Was ist gute Unterhaltung?“ an.*

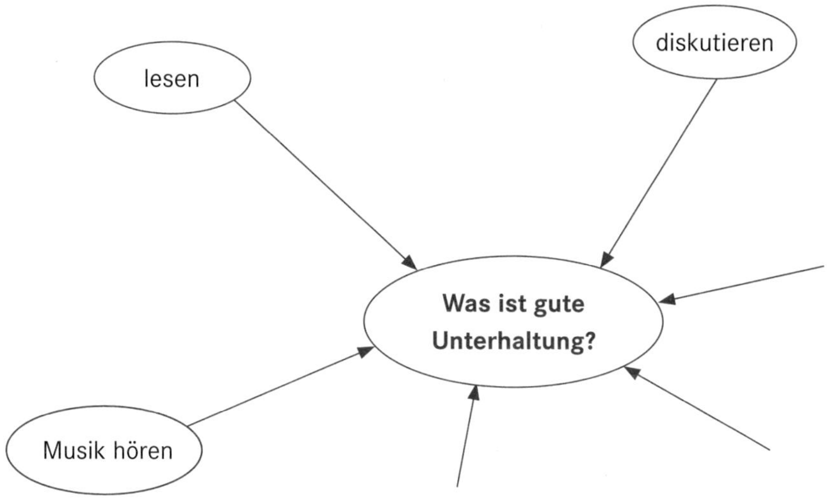

2 *Formulieren Sie Argumente zum Thema „Gute Unterhaltung“.*

a) Am Beispiel des Fernsehens kann man gut nachweisen, dass Unterhaltungsqualität und -quantität voneinander unabhängige Größen sind, da ...

---

b) Gute Unterhaltung hat etwas mit der Wahrnehmung von Zeit zu tun, weil ...

---

c) Im Zeitalter der omnipräsenten Kommunikationsmedien droht das Gespräch auszusterben, da ...

---

d) Gute Unterhaltung , die den Geist beschäftigt, trägt zur Bildung eines Menschen bei, denn ...

Arbeitstechnik | **Verschiedene Schreibformen einsetzen**

Damit Ihr Essay möglichst abwechslungsreich wird, sollten Sie nach Möglichkeit einige der folgenden Schreibformen einbauen:

Informative und argumentative Passagen mit Fakten, begründeten Positionen, Belegen und Beispielen	>	Animieren zur intellektuellen Auseinandersetzung mit dem Thema
Expressive Passagen voller Emotionalität mit Ich-Botschaften, Scheindialogen, Analogien, Metaphern oder Vergleichen	>	Weisen Sie als authentischen Schreiber aus und sprechen die Gefühle des Lesers an
Appellative Passagen in Form von rhetorischen Fragen, versteckten oder offenen Imperativen, Bitten oder Aufforderungen	>	Sprechen den Leser direkt an und fordern ihn auf, sich zu positionieren
Erzählende Passagen mit Dialogen, als Erzähleinschübe, Fantasiereisen, geistige Spaziergänge oder erfundene Fahrten	>	Lassen beim Leser Bilder entstehen, die seine Fantasie anregen

Emotionale und visionäre Aspekte entwickeln

1 *Klären Sie Ihre emotionale Position zum Thema „Gute Unterhaltung". Wählen Sie dafür eine* ***expressive Ausdrucksform****. Nehmen Sie ein gesondertes Blatt.*

a) Auf welche Unterhaltungsmedien könnten Sie auf keinen Fall verzichten?

b) Welche Unterhaltungsmedien spielen für Sie eine geringe oder gar keine Rolle?

c) Welche weiteren Formen der Unterhaltung (z. B. Spiel, Sport, Gespräche, Diskussionen) sind für Sie wichtig?

d) Was lehnen Sie ab, wenn Sie an die Unterhaltungsindustrie denken?

e) Welche Fernsehsendungen könnten Ihres Erachtens ersatzlos gestrichen werden?

2 *Überlegen Sie, wer etwas tun könnte, um Unterhaltungsangebote grundsätzlich zu verbessern. Nutzen Sie dafür Ihre Mindmap und eine appellative Ausdrucksform.*

a) Sie selbst

___

b) Freunde und Bekannte

___

c) Eltern und Erzieher

___

d) Die Fernsehsender

e) Programmierer

3 *Konstruieren Sie auf einem gesonderten Blatt einen Dialog zwischen Ihnen und einer Ihnen bekannten Person und tauschen Sie sich darin über gute und schlechte Unterhaltung aus. Bauen Sie persönliche Erfahrungen mit ein. Nutzen Sie in den wechselnden Sprechsequenzen die* ***Schreibform des Erzählens.***

4 *Formulieren Sie auf einem gesonderten Blatt eine Vision, wie Medien die Unterhaltung in einhundert Jahren prägen könnten. Nutzen Sie dafür die* ***Schreibform des fiktionalen Erzählens.***

Satirische und heiter-ironische Elemente erwägen

1 *Entwickeln Sie Ideen, mit welchen offensichtlichen Übertreibungen, überraschenden Vergleichen, überspitzten Kommentaren oder abstrusen Analogien aus verschiedenen Bereichen der Unterhaltung Sie Ihren Essay „würzen" können; auch ein Essay soll unterhalten. Nutzen Sie dafür ironische Ausdruckselemente. Nehmen Sie dafür ein gesondertes Blatt.*

2 *Ordnen Sie die folgenden Textauszüge jeweils einer ironischen, appellativen, fiktionalen, erzählenden oder argumentativen Ausdrucks- oder Schreibform zu und begründen Sie Ihre Auswahl. Schreiben Sie Ihr Ergebnis neben den Text.*

Text a
Vielleicht wird es einmal so weit kommen, dass wir uns nicht mehr miteinander Auge in Auge unterhalten, sondern den lästigen körperlichen Kontakt vollkommen aufgeben und uns nur noch über den PC unterhalten. Wir kommunizieren weltweit, ohne unser Zimmer verlassen zu müssen, Gaststätten und die heute noch üblichen Treffs, um Menschen kennen zu lernen, gibt es nicht mehr. Der Einkauf wird über den PC erledigt, und jeder überflüssige Kontakt mit Wesen der eigenen Spezies wird auf ein Minimum reduziert.

Text b
Wahre Unterhaltung muss mehr sein, als sich berieseln lassen, denn die Aktivität des Gehirns und der Sinne, mit denen das Gehirn den Kontakt zur Außenwelt schafft, ist Grundvoraussetzung für eine qualitativ hochwertige und kreative Unterhaltung. In diesem Sinne müsste man Unterhaltung von Entertainment abgrenzen, weil beim Entertainment die passive, rezeptive Grundhaltung überwiegend vorausgesetzt wird.

Text c

Ich schlage vor, dass auch das Medium Fernsehen vom Verbraucherschutz schärfstens kontrolliert wird; Sendeformate müssen eine Kennzeichnung der Inhalte erhalten: rot für ganz besonders bescheuert, gelb für tristes Mittelmaß, grün für niveauvolle und interessante Unterhaltung. Zu überlegen wäre auch, ob man nicht auf der Basis des Grundrechts auf Unversehrtheit von Körper und Geist eine Sammelklage gegen die Sender und Produktionsfirmen führt und sie zwingt, den begangenen Schaden wiedergutzumachen.

Text d

Die wirkliche Unterhaltung, ergebnisoffen, getragen von Wertschätzung für den Gesprächspartner, amüsant und erheiternd, hätte eine Renaissance verdient; aber dazu müssten sich Eltern, Lehrer, ja auch Politiker dieses Themas annehmen. Wie wichtig wäre ein Umdenken. Wie dringend geboten wäre ein Protest gegen seichte, dümmliche, ordinäre bis obszöne TV-Formate.

Text e

Die Sehnsucht nach guter Unterhaltung treibt mich sehr häufig – vor allem in Stunden der Einsamkeit – hinaus in die schillernde Welt der Diskotheken. Aber die egomanisch um sich selbst drehenden Menschen, die ohrenbetäubende Musik, die mitunter völlig vom Alkohol narkotisierten Traumtänzer verschärfen die Einsamkeit, lärmen mich noch mehr in die Isolation, vergrößern den Wunsch nach Unterhaltung, statt ihn zu stillen.

Den Essay schreiben

Basiswissen | **Essay**

Der Essay als eine Art Gedankenspaziergang bietet einen großen Spielraum für Ausdrucks- und Gestaltungsmöglichkeiten. Hier gibt es die Freiheit, die Dinge auf unterhaltende Art zu betrachten. Es geht nicht darum, zu einer Frage des gesellschaftlichen, sozialen oder politischen Lebens exakte Lösungen anzubieten oder Schlussfolgerungen zu ziehen. Der Essay ist in Gedankenführung und sprachlicher Form ein offener Versuch, sich mit einem Thema zu beschäftigen. „Versuchen" heißt auf französisch „essayer". In diesem Sinne ist der Essay eine Annäherung, ein vorläufiges gedankliches Angebot zu einer Problemstellung. Solange der Leser mit Interesse dem Gedankenspaziergang folgt, hat der Essay sein Ziel erreicht.

Sprache und Stil

Weit mehr als in allen anderen Aufsatzarten spielt somit die sprachliche Ausformung eine entscheidende Rolle. Zahlreiche Stilmittel wie Metapher, Vergleich, Ellipse, Hyperbel, Anapher und andere (vgl. „Übersicht rhetorische Figuren" auf der Umschlagseite) kennzeichnen die Essay-Sprache. Expressive, appellative oder fiktionale Passagen sorgen ebenso für Ausdrucksvarianz. Allerdings herrscht nüchterne Diktion dort vor, wo der Autor oder die Autorin sachlich-argumentativ das Problemfeld entwickelt. Dabei sind alle Gedankenstränge und Stilebenen assoziativ eng miteinander vernetzt.

1 *Schreiben Sie den Essay zum Thema „Gute Unterhaltung“ und beziehen Sie Ihre Vorarbeiten mit ein.*

2 *Überprüfen und überarbeiten Sie Ihren Essay anhand der folgenden Checkliste.*

Checkliste

Einleitung

- ☐ Habe ich einen interessanten Einstieg in den Essay gefunden?
- ☐ Habe ich das Thema so weit eingegrenzt, dass dem Leser deutlich wird, über was ich schreiben möchte?
- ☐ Habe ich deutlich gemacht, weshalb mich dieses Thema interessiert?

Hauptteil

- ☐ Habe ich Informationen und Argumente zum Thema „Gute Unterhaltung“ aus den Abstracts und aus meinem eigenen Wissen formuliert?
- ☐ Habe ich deutlich gemacht, was ich gut finde und was ich verurteile?
- ☐ Bin ich an bestimmte Personengruppen mit Aufforderungen herangetreten?
- ☐ Habe ich erzählende, also fiktionale Passagen eingebaut, die deutlich machen, dass es nicht nur um eine Erörterung des Themas geht?
- ☐ Ist es mir gelungen, das Thema auch von einer heiter-ironischen Seite zu betrachten?

Schluss

- ☐ Habe ich einen Bezug zur Einleitung hergestellt?
- ☐ Habe ich einen Wunsch oder eine Befürchtung hinsichtlich der weiteren Entwicklung formuliert?
- ☐ Habe ich einen überraschenden und weiterführenden Denkanstoß, mit dem ich den Essay beschließe?

Sprachliche Gestaltung und Form

- ☐ Habe ich meinen Essay im Präsens geschrieben und auf häufige Rechtschreibfehler überprüft?
- ☐ Ist die äußere Form meiner gesamten Arbeit ansprechend und meine Schrift gut lesbar?
- ☐ Habe ich einen ansprechenden Stil gewählt, der umgangssprachliche Elemente meidet?

Textrevision: Einen Essay überarbeiten

Die folgenden Sätze sind verschiedenen Schülerarbeiten entnommen und inhaltlich wie stilistisch nicht gelungen. Korrigieren Sie die inhaltlichen Fehler auf einem gesonderten Blatt.

a) „Ich finde die Talk-Shows am Mittag richtig stark, weil da wichtige Themen ausdiskutiert werden.“

b) „Nachrichten sind ätzend langweilig, die könnte man auch weglassen, das interessiert sowieso keinen.“

c) „Mit meinem I-Phone kann ich den ganzen Tag Musik hören – das ist Unterhaltung pur; mehr brauch ich nicht.“

Mein persönlicher Lerncheck

Schätzen Sie Ihren Lernstand in Hinblick auf die Aufgabe „Schreiben eines Essays“ ein. Schreiben Sie die Vorlage zum persönlichen Lerncheck von der vorderen Umschlagseite des Arbeitsheftes ab und füllen Sie diese aus.

Weiterschreiben

Wenn Sie nach einer weiteren Trainingsmöglichkeit für das Schreiben eines Essays suchen, dann verfassen Sie zu den folgenden Materialien Abstracts und schreiben Sie einen Essay zum Thema „Miteinander oder Gegeneinander der Generationen.“

Material 4

Johannes Schneider: Generationenkonflikt im Hörsaal (Auszug)

[...] Die Zeit, als die Universität jungen Lernenden vorbehalten war, ist lange vorbei. Seit Jahren steigt die Zahl der Gasthörer und Studierenden im Pensionsalter. Längst führt das zu Konflikten: Die Jungen beschweren sich über das Diskussionsverhalten der Alten, die nur allzu oft den fachlichen Diskurs mit biografischen Anekdoten mischen. Die Alten beschweren sich über den mangelnden Respekt der Jungen, die zwischen Scheinerwerb und Leistungsdruck kaum Zeit haben, Rücksicht zu nehmen auf die wachsende Zahl ihrer älteren Kommilitonen. Mit den auf beiden Seiten stetig steigenden Studierendenzahlen stellt sich indes auch eine ganz praktische Frage: Wer bekommt im Hörsaal die besten Plätze? Geht es nach Leonard Kuckart (79), sind die älteren Gasthörer dabei bisher zu kurz gekommen. Der Vorsitzende der Seniorenunion NRW fordert mehr „altengerechte Hörsäle“: „Ein bestimmtes Kontingent an Sitzen in den vorderen Reihen sollte für ältere Gasthörer reserviert bleiben.“ Dies sei auch deshalb gerechtfertigt, weil Senioren zunehmend zur Sicherung der Hochschulfinanzen beitrügen. So zahle ein Senioren-Student mit durchschnittlich 100 Euro Gasthörergebühr pro Semester deutlich mehr als ein ‚normaler‘ Student. Geld, das zunehmend wichtig werde, zumal die Zahl junger Studierender in Zeiten des demografischen Wandels nicht ewig wachsen werde. Dass dieser Vorstoß nicht überall auf Gegenliebe stoßen wird, tangiert Kuckart nicht: „Der Generationenkonflikt muss ausgetragen werden, auch an der Universität.“ Die Großelterngeneration müsse in der Mitte der Gesellschaft angenommen werden. „Wir bestimmen die Richtung der Zukunft“, sagt Kuckart und spricht von einer „besonderen“ Verantwortung, die die Alten gegenüber den ganz Jungen spürten. Dass diese auf paternalistische[1] Belehrungen und endlose Zeitzeugenmonologe im Seminarkontext nur bedingt gewartet haben, versteht Kuckart dabei durchaus: „Toleranz und Respekt muss man auch von älteren Menschen erwarten können“, sagt Kuckart. Und ja, die Universitäten seien zunächst für die Jungen da. Nur müssten die Alten, wo sie nun einmal zum Studium zugelassen seien, auch altersgerecht behandelt werden.

(ZEIT ONLINE, 28. Juli 2011)

1 paternalistisch: bevormundend

Material 5

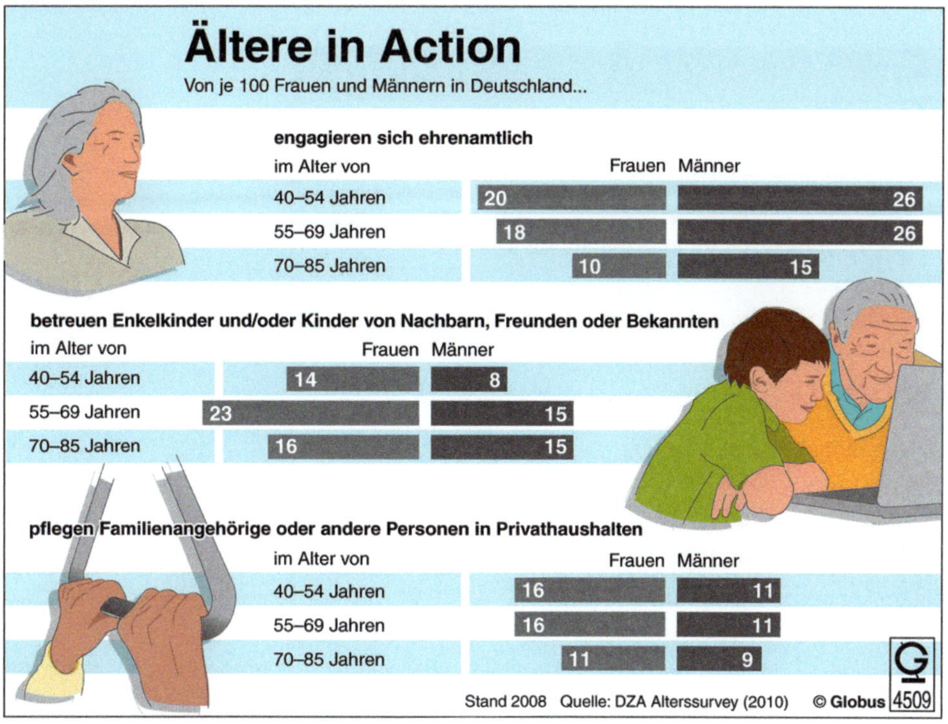

Material 6

Lucy Kellaway: Die Facebook-Kluft (Auszug)

[...] Diese Kluft zwischen der Facebook- und der Nicht-Facebook-Generation ist größer als die Kluft meiner Generation zu der unserer Eltern. Mein Vater liebte Verdi, ich mochte die Rolling Stones. Für ihn war meine Musik Lärm. Für mich war seine Musik seltsam. Aber es war der gleiche Zwölf-Zoll-Vinylkreis, der sich auf dem Plattenspieler drehte, und um zuzuhören, setzte man sich aufs Sofa. Meine Mutter warf nie Lebensmittel weg. Und auch wenn es mich nicht beeindruckte, dass eine halbe Bratkartoffel im Kühlschrank überleben musste, so verstand ich doch, dass meine Mutter Zeiten der Lebensmittelrationierung erlebt hatte und deshalb auf keinen Fall die Bratkartoffel wegwerfen konnte. Ich habe meine Kinder gebeten, mir Facebook zu erklären, bin aber genauso schlau wie vorher. Sie können es nicht erklären, weil sie meine Fragen nicht verstehen. Das Ausmaß meiner Verwirrung ergibt für sie hinten und vorn keinen Sinn. Meine Generation wird sich früher oder später anmelden müssen. Eine Freundin meiner Tochter klagte vor Kurzem, sie könne ihrem Großvater nicht zum Geburtstag gratulieren, weil er nicht auf Facebook ist. Den Telefonhörer in die Hand zu nehmen, geschweige denn, eine Geburtstagskarte zu kaufen, kam ihr nicht in den Sinn. Wollen wir also künftig noch Geburtstagskarten erhalten – oder uns mit Personen unter 40 unterhalten –, müssen wir Mitglied auf Facebook werden, ob wir es nun verstehen oder nicht.

(stern.de, 26. März 2010)

Interpretation von Prosatexten

Die Aufgabe

Interpretieren Sie die Kurzgeschichte „Unser Eduard" von Paul Schallück.
- Gehen Sie dabei vor allem auf die unterschiedlichen Charakterisierungen Eduards ein.
- Analysieren Sie, mit welchen erzähltechnischen und sprachlichen Mitteln der Autor die Aussagen stützt.

Die Aufgabe verstehen

Diese Überlegungen helfen Ihnen, die Aufgabe zu bearbeiten:
- den ersten Leseeindruck festhalten
- Inhalt und Aufbau des Textes verstehen und erfassen
- den wesentlichen Inhalt des Textes in einer Inhaltsangabe wiedergeben
- Kriterien für eine Textinterpretation kennen und anwenden:
  - Figuren charakterisieren
  - die Beziehungen der Figuren zueinander und die Gründe für ihr Handeln beschreiben
  - die erzähltechnische und sprachliche Gestaltung des Textes untersuchen und ihre Funktion für die Textaussage deuten
- Arbeitsergebnisse mit Zitaten belegen
- Text auch hinsichtlich der Bedeutung für den Leser und/oder hinsichtlich seiner Aktualität analysieren

Die Inhaltsangabe vorbereiten

1 *Lesen Sie den Text.*

Paul Schallück (1922 – 1976), deutscher Schriftsteller, Theater- und Kunstkritiker, Mitglied in verschiedenen Schriftstellervereinigungen (Gruppe 47, P.E.N.-Zentrum). Mit Heinrich Böll und anderen begründete er 1959 die Spezialbibliothek „Germania Judaica" zur Aufbereitung des deutschsprachigen Judentums in Europa. Er erhielt verschiedene Auszeichnungen unter anderem den Annette-von-Droste-Hülshoff-Preis und den Nelly-Sachs-Preis.

Paul Schallück: Unser Eduard

„Er war mein Sohn, mein einziger. Ich begreife es nicht. Sie gehen durchs Haus und flüstern viel, seine Mutter und seine Schwester. Wenn ich heimkomme, verstummen sie. Betrete ich das Zimmer, blicken sie nicht auf. Bei Tisch fällt kaum ein Wort. Sie schweigen mich an, sie strafen mich. Bin ich denn schuld? War ich zu streng? Ich musste streng sein. Er war sehr begabt, aber verspielt, zu weich; verwöhnt worden von denen, die jetzt schweigen. Als er vierzehn wurde, durfte er mit an die Costa Brava; von da an übernahm ich seine Erziehung. Er wollte ein Schlauchboot. Ich sagte: Lerne schwimmen, dann bekommst du eins. Er lernte es – in einer Woche. So wollte ich ihn vorbereiten auf das Leben. Er musste begreifen, dass ihm nichts geschenkt wurde. Auch mir hat niemand etwas geschenkt. Das sagte ich ihm, als er sechzehn war, wie ich mich abgemüht, den Betrieb aufgebaut, ihn selbstständig erhalten hatte. Für ihn. Er wird stolz sein auf seinen Vater, ihm nacheifern, dachte ich. Die Schule fiel ihm leicht. Wenn er Lust hatte, war er der Beste in seiner Klasse. Nur – er hatte nicht immer Lust. Ein Sonnenstrahl konnte ihn ablenken oder ein Buch, ein Schnupfen schon und erst recht ein Fußballländerspiel. Wie besessen lief er Tag für Tag zum Fußballplatz und vergaß seine Schulaufgaben. Ich schloss die Fußballschuhe ein,

und er lernte wieder, für ein paar Wochen. Dann begann er, Trompete zu blasen. Er schrieb Gedichte, kletterte in die Berge und sammelte Steine, ersparte und erbettelte sich ein Fernrohr und beobachtete die Sterne in langen Nächten, tauschte das Rohr gegen ein Moped ein, raste durch unsere Gartenstadt, ließ die Maschine verrosten, malte abstrakt, züchtete Fische – alles für ein paar Wochen. So wechseln viele Jungen ihre Neigungen, ich weiß. Er aber vergaß darüber seine Pflichten.
Er wurde siebzehn und achtzehn und hatte noch immer nicht gelernt, sich zu konzentrieren. Dann entdeckte er die Mädchen und kam zum ersten Male mit einer Fünf nach Hause. Nach jeder erloschenen Begeisterung redete ich ihm ins Gewissen, drohte, kürzte sein Taschengeld, sperrte den Ausgang, nahm ihn während der Osterferien in den Betrieb, ins Labor. Wenn ich ihn ins Gebet nahm, sah er ein, wie fahrig er dahinlebte, jedem Winde nach, und versprach, härter zu werden. Wenn ich ihn strafte, weinte er. Ein aufgeschossener achtzehnjähriger Junge. Im letzten Sommer dann fuhren seine Mutter und seine Schwester allein an die Costa Brava. Ich blieb mit ihm zu Haus. Wir erarbeiteten einen Stundenplan, und ich erklärte: Deine letzte Chance, Eduard; wirst du nicht in die Oberprima[1] versetzt, nehme ich dich von der Schule. Ein Ultimatum, ich weiß. Ob ich es wahr gemacht hätte – ich weiß es nicht. Ihn jedenfalls, ihn hat es erschreckt, ich gebe es zu. Aber durfte ich ihn nicht einschüchtern? Wie hätte er sonst ein tüchtiger Mensch werden können und das Leben bestehen? Musste ich denn voraussehen, dass es ihn zermürben würde? Bin ich deswegen schuld an deinem Tod, Eduard? Ich kann es nicht glauben. Du warst ungezügelt von Natur aus, du konntest dich nicht beherrschen. Es war eine Kurzschlusshandlung, Eduard. Ein paar schlechter Noten wegen springt man nicht von der Brücke. Dafür wirft man doch sein Leben nicht weg, Eduard, mein Junge!“
„Edi war mein Junge, mein einziger Sohn, und er war ein guter Junge, das schwöre ich zu Gott, denn wer sollte das besser beurteilen können als ich, seine Mutter, die er verlassen hat, weil er mit einer unergründbaren Leidenschaft eigensinnig war und etwas suchte, schon als kleiner Junge etwas suchte, denn schon als kleiner Junge wollte er alles oder nichts. So war er veranlagt, mein Edi, nicht anders: alles oder nichts. Wenn sein Vater meint, er sei von Natur aus ungezügelt gewesen und habe sich die neunzehn Jahre seines Lebens nur gehen lassen und sich niemals konzentrieren können, wie es wohl den Anschein haben mochte, wenn man ihn von einem festen Standpunkt aus beobachtete, oder was sein Vater sich sonst noch bereitgelegt hat, um das Ungeheure zu erklären, dann kann ich nur sagen: Sein Vater folgt einer falschen Spur. Edi war ein ernster Junge, viel zu ernst sogar für sein Alter, und er war es von Kindheit an, ich habe ihn nur selten lachen gesehen, denn, obwohl es schien, als flattere er jedem Winde nach, war er doch jedes Mal mit einem Ernst am Werk, der mich besorgt und ihn besessen machte. Er suchte etwas, von dem ich lange nicht ahnte, was es war, bis er eines Tages, er mag zehn gewesen sein oder elf, aus der Kirche kam und sagte, sehr ernst, aber ohne ein Zeichen von Erregung: Weißt du, Mutter, ich könnte mir das Leben nehmen. Ich war verblüfft und erschrocken und ich habe ihn ausgelacht, so dass er wütend wurde und mich anfuhr: Lach nicht! Lach nicht! Ich könnte mir wirklich das Leben nehmen! Da war ich verblüfft und erschrocken und wohl auch bleich. Aber warum denn, mein Junge, habe ich dann endlich gefragt. Und er blickte mich an wie ein sehr alter Mann: Um zu

1 Oberprima: entspricht der Abschlussklasse im Gymnasium

wissen, wer Gott ist, sagte er. Ich hatte das vergessen. Jetzt sehe ich ihn wieder vor mir und höre ihn wieder sprechen, und ich glaube fest, dass er wahr gemacht hat, worüber ich gelacht habe. Mit Verbissenheit hat er gesucht, sein Leben lang und überall, einen Halt meinetwegen, wenngleich ich behaupte, er hat Gott gesucht, überall, in seinen Gedichten so gut wie auf dem Fußballplatz, in der Geschwindigkeit seines Mopeds und in den Steinen und unter den Sternen natürlich und in den Farben und unter den Fischen und in der Musik. Auch bei den Mädchen. Gesucht und gesucht und doch nicht recht gewusst, was er zu finden hoffte in all dem, was ihn reizte und so rasch hinter ihm zurückblieb, ausgelaugt und weggeworfen, weil er nicht fand, was er suchte, und weil er sich vermutlich des Satzes nicht mehr erinnerte, den ich ihn noch immer sprechen höre: um zu wissen, wer Gott ist. Die schlechten Noten haben damit wenig zu schaffen. Denn am Morgen hatte ihnen der Mathematiklehrer das Einstein'sche Weltbild erklärt und gesagt, die Welt sei endlos, aber nicht unbegrenzt, oder so ähnlich, und Edi hatte zugehört wie einem neuen Evangelium und dann mit kalter Stimme gefragt, wo denn in dieser Welt Gott einen Platz habe, und der Mathematiklehrer hatte ihn lächelnd an den Religionslehrer verwiesen, und am Mittag dann hat er sich von den Schulkameraden gelöst und ist allein zur Brücke gegangen und hat das Letzte versucht, um zu finden, was er suchte. Du wolltest alles oder nichts, Edi, mein Junge, aber das war nicht richtig, es lässt sich ja nicht zwingen, ein bisschen Demut hat dir gefehlt und ein bisschen Vertrauen zu deiner Mutter, warum bist du nicht zu mir gekommen, Edi, warum nicht, warum denn nicht zu deiner Mutter, Edi?"

„Ed, mein kleiner Bruder, war ein Junge wie andere, ein bisschen begabter vielleicht und feiner gesponnen, das war aber auch der einzige Unterschied. Er spielte gern, saß gern auf einer schnellen Maschine, wechselte seine Hobbys, tat alles, was andere Jungen auch tun. Er war ja viel jünger als seine Jahre. Erst als er den Mädchen begegnete, begann die Kalamität[2]. Er war prächtig gewachsen, der Ed, und er konnte an jeder Hand zehn haben – und hatte sie auch. Nur – er war nie zufrieden. Was sie ihm gaben – und das war nicht wenig, es war alles in ihren Augen –, es genügte ihm nicht. Er verlangte mehr, Liebe verlangte er, obwohl er selbst es vermutlich nicht wusste, das Wort jedenfalls gebrauchte er nie, er machte sich darüber lustig. Aber darauf wartete er. Liebe von Mädchen, die nicht wissen, was das ist, wie er nicht wusste, was das ist. Daran ist er zugrunde gegangen, ganz langsam. Er war ja noch nicht ausgereift, geistig, meine ich. In seiner Klasse gab es zwei Mädchen. Die kicherten, als ihm mitgeteilt wurde, es sei nicht sicher, ob er mit den schlechten Noten versetzt werden könne. Das Kichern war sein Verhängnis. Wir achten zu wenig auf die kleinen Dinge, ein Wort, ein Blick, eine Geste oder ein Kichern, besonders in Eds Jahren. Die Mädchen haben ihn auf dem Gewissen, aber sie wissen es nicht. Unschuldig wie kleine Tiere."

„Unsinn, mein Freund Eddi, mit doppeltem d, der suchte nicht mehr, nirgendwo und nichts, der ließ sich von einem Kichern nicht umwerfen. Der hatte längst gefunden, was er suchte. Der wusste, was er wollte, wie wir alle, ich auch. Er wusste längst, dass alles keinen Sinn hat. Er probierte noch ein bisschen, mal hier, mal da, so zum Spiel und aus Vergnügen. Aber es war gleichgültig, ob er auf seinem Moped lag oder auf einem Mädchen. Es interessierte ihn nur so lange, wie es dauerte. Dann war's vorbei und langweilte ihn entsetzlich. Ich bin genauso,

2 Kalamität: sehr große Verlegenheit, schwierige Lage

darum weiß ich es. Was er anfasste, das gelang ihm, das war sehr merkwürdig, aber es machte ihm keinen Spaß, dass es ihm so gelang. Es hat doch alles keinen Sinn. Wozu denn? Was soll das alles? Die schlechten Noten hätte er bis zur Versetzung mit der linken Hand korrigiert. Dass er's an diesem Tag getan hat, war nur, um die Alten auf die falsche Spur zu locken. Er hätt's schon ein halbes Jahr früher tun können oder ein halbes Jahr später. Der beste Schüler der Klasse verübt Selbstmord ein paar schlechter Noten wegen. Das ist paradox, und das war das Einzige, das er liebte. Ich beneide ihn, weil er härter war als wir alle, weil er den Mut gehabt hat, wozu ich nie den Mut haben werde. So war unser Eddi, mit doppeltem d."

2 *Wie wirkt der Text auf Sie? Notieren Sie Ihren ersten Leseeindruck.*

___

Inhalt und Aufbau des Textes verstehen

1 *Beschäftigen Sie sich mit der Thematik des Textes.*

a) Formulieren Sie das Thema des Textes in einem Satz.

___

b) Nennen Sie die Textstelle, in der der Leser zum ersten Mal erfährt, was genau geschehen ist.

___

c) Notieren Sie, welche Gründe für Eduards Tod genannt werden.

___

___

2 *Erläutern Sie, warum einige Angaben ungenau sind oder gänzlich fehlen.*

___

___

3 *Setzen Sie sich mit Ort, Zeit und Figuren des Textes auseinander. Nennen Sie*

a) den Ort und den Zeitpunkt des Selbstmordes,

___

b) die Figuren.

___

4 *Beschreiben Sie den Textaufbau.*

Die Inhaltsangabe schreiben

Der eigentlichen Textinterpretation wird immer eine kurze Inhaltsangabe vorangestellt.

Basiswissen | **Inhaltsangabe eines literarischen Textes**

Die Inhaltsangabe fasst die wesentlichen Aspekte eines Textes sachlich zusammen. Sie ist in Einleitung, Hauptteil und Schluss gegliedert. Der erste Satz enthält Angaben über den Titel, den Autor bzw. die Autorin, die Textsorte sowie den Erscheinungsort und das Erscheinungsdatum. Zudem wird das Thema benannt. Dann folgen kurze Informationen über die Zeit, den Ort und die Atmosphäre des Geschehens, den Handlungsverlauf (ggf. den Textaufbau) sowie die handelnden Figuren und ihr Verhältnis zueinander (Figurenkonstellation). Die Inhaltsangabe wird im Präsens verfasst.

1 *Schreiben Sie die Inhaltsangabe zu dem vorliegenden Text auf einem gesonderten Blatt. Nutzen Sie dazu die Ergebnisse der vorherigen Aufgaben.*

Tipp
Denken Sie daran, dass eine Inhaltsangabe keine Nacherzählung ist. Haben Sie den Mut, eine wirklich kurze Inhaltsangabe zu verfassen.

Die Textinterpretation vorbereiten

Die Figurenkonstellation analysieren

1 *Setzen Sie sich mit den Beziehungen der Figuren auseinander.*

a) Notieren Sie, welche Namen sich die Figuren um Eduard untereinander geben und welche Rückschlüsse sich daraus auf deren Beziehung ableiten lassen.

b) Notieren Sie, welche Namen Eduard gegeben werden und was sie über das jeweilige Verhältnis von Vater, Mutter, Schwester und Freund zu Eduard aussagen.

2 *Beschreiben Sie die einzelnen Figuren und deren Beziehung zu Eduard.*

____

____

____

____

____

____

____

3 *Erläutern Sie, wie die einzelnen Figuren mit Eduards Tod umgehen.*

____

____

____

____

____

Eduard charakterisieren

1 *Markieren Sie im vorliegenden Text Schlüsselbegriffe und Kernaussagen, die Eduard charakterisieren.*

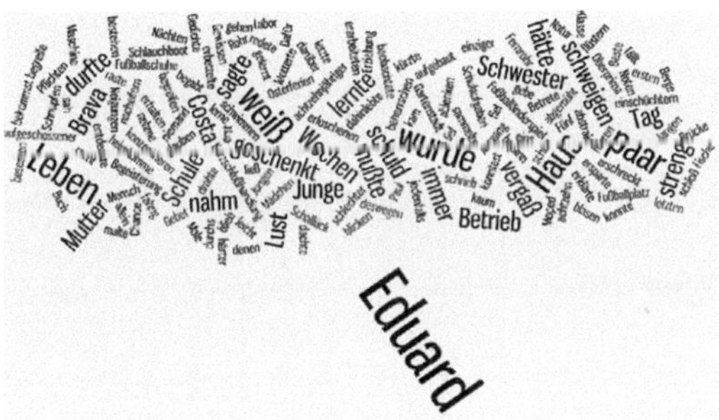

1. Redeabschnitt – Vater

2. Redeabschnitt – Mutter

2 *Vergleichen Sie die beiden Begriffswolken, die aus den ersten beiden Rede-Abschnitten der Kurzgeschichte mit Hilfe des Internet-Programms Wordle-Net entstanden sind. Deuten Sie, wie sich das Verhältnis von Eduard zu dem Vater und der Mutter darin abbildet. Nutzen Sie ein gesondertes Blatt.*

3 *Ergänzen Sie Ihre Anmerkungen durch Adjektive, die die Familie sowie der Freund verwenden, um Eduard zu beschreiben. Nehmen Sie ein separates Blatt.*

Tipp
Unter www.wordle.net/create kann jeder kostenlos Texte eingeben. Das Programm produziert daraus Wortwolken und hebt dabei die am häufigsten verwendeten Wörter optisch hervor.

Sprache und Stil

1 ***Setzen Sie sich mit dem Begriff ,Demut' auseinander.***

a) Erklären Sie die Aussage der Mutter, „ein bisschen Demut hat dir gefehlt“ (Z. 86).

b) Finden Sie Synonyme und Antonyme für den Begriff ,Demut'.

2 ***Vergleichen Sie, wie die Eltern ihren Sohn beschreiben.***

3 ***Notieren Sie, inwiefern sich die Beschreibungen Eduards durch seine Schwester und seinen Freund voneinander unterscheiden.***

4 ***Erläutern Sie mögliche Widersprüche zwischen den einzelnen Aussagen über Eduard.***

Erzähltechnische und sprachliche Mittel analysieren

Basiswissen | **Erzählhaltung, Darbietung des Erzählens, Zeitgestaltung**

Erzählhaltung

Auktoriale Erzählhaltung:	Der Erzähler hat einen Überblick über das Geschehen. Er weiß mehr als die Figuren, steht außerhalb des Geschehens.
Personale Erzählhaltung:	Das Geschehen wird aus dem Blickwinkel einer Figur betrachtet, deren Gedanken und Gefühle prägen die Darstellung.
Ich-Haltung:	Das Geschehen wird vom Erzähler unmittelbar erlebt und in der Ich-Form übermittelt.
Innerer Monolog:	Die Figur gibt in der Ich-Form wieder, was sie denkt und fühlt.

Darbietungsformen des Erzählens

Erzählbericht:	Das Geschehen wird durch den Erzähler vermittelt.
Erlebte Rede:	Gedanken und Gefühle einer Figur werden in der 3. Person wiedergegeben.
Erzählzeit:	Zeit, in der das Geschehen erzählt wird
Erzählte Zeit:	Zeitraum, in dem sich das Geschehen abspielt
Zeitraffung/Zeitdehnung:	Die Erzählzeit ist kürzer bzw. länger als die erzählte Zeit.
Zeitdeckung:	Die Erzählzeit und erzählte Zeit sind identisch.

1 *Setzen Sie sich mit den Merkmalen des Erzählens auseinander. Legen Sie dar,*

a) welche Erzählhaltung vorliegt,

____

b) wie das Erzählte dargeboten wird,

____

c) wie die Zeit gestaltet wird.

____

2 *Notieren Sie, wie die in Aufgabe 1 erarbeiteten Erzählformen auf den Leser wirken.*

____

____

____

____

____

____

3 ***Beschäftigen Sie sich mit Sprachvarietät und Satzbau.***

a) Kreuzen Sie die im Text benutzten Varietäten an: ☐ Umgangssprache

☐ Standardsprache ☐ Fachsprache ☐ Dialekt ☐ Jugendsprache

b) Welchen Personen sind diese zuzuordnen und wie wirkt deren Gebrauch auf den Leser?

____

____

4 ***Analysieren Sie die Besonderheiten des Satzbaus. Gehen Sie dabei abschnittsweise vor und verwenden Sie dazu ein gesondertes Blatt.***

Basiswissen **Satzbau**

Parataxe (Satzreihe): Hauptsätze werden aneinandergereiht. Dadurch werden die Aussagen nebeneinandergestellt und ihre Gleichwertigkeit wird betont.
Hypotaxe (Satzgefüge): Hauptsatz und Nebensatz bzw. Nebensätze werden miteinander verbunden. So wird der argumentative Zusammenhang der Aussagen hervorgehoben.

Test

5 ***Ordnen Sie die Sätze mit einem Pfeil einer bzw. mehreren entsprechenden rhetorischen Figuren zu.***

„Das ist paradox, und das war das Einzige, […].“ (Z. 120 f.)	Alliteration
„Lach nicht! Lach nicht!“ (Z. 62 f.)	Aufzählung
„Unschuldig wie kleine Tiere.“ (Z. 105 f.)	Antithese
„[…], denn schon als kleiner Junge wollte er alles oder nichts.“ (Z. 47 f.)	Anapher
„Für ihn.“ (Z. 12)	Parallelismus
„Sie schweigen mich an, sie strafen mich.“ (Z. 4)	Trias
„[…], ein Wort, ein Blick, eine Geste oder ein Kichern, […].“ (Z. 104)	Ellipse
„[…], wie ich mich abgemüht, den Betrieb aufgebaut, ihn selbstständig erhalten hatte.“ (Z. 11 f.)	Wiederholung
„Der wusste, was er wollte, wie wir alle, […].“ (Z. 109)	Vergleich

6 ***Analysieren Sie die rhetorischen Figuren des vorliegenden Textes. Verwenden Sie dazu ein gesondertes Blatt.***

a) Notieren Sie die Stilmittel, die im Text am häufigsten vorkommen.

b) Erläutern Sie, wie sie auf den Leser wirken.

Die Textinterpretation schreiben

Die einzelnen Bestandteile zusammenfügen

Bevor Sie eine Textinterpretation anfertigen, sollten Sie einen Schreibplan erstellen, der die wichtigsten Gliederungspunkte Ihres Aufsatzes enthält.

Arbeitstechnik | **Eine Textinterpretation verfassen**

Die Einleitung Ihrer Arbeit beinhaltet in der Regel die Inhaltsangabe des Textes mit den Informationen zu Text und Verfasser. Im Hauptteil fügen Sie die Ergebnisse Ihrer Interpretation mit denen der Sprachanalyse zusammen. Für eine aussagekräftige sprachliche Erarbeitung ist es wichtig, die rhetorischen Figuren nicht nur aufzuzählen, sondern sie hinsichtlich ihrer Wirkung zu deuten. Im Schlussteil können Sie sich allgemein zum Text und zu der behandelten Thematik äußern, Ihre Kritik oder Ihre persönliche Leseerfahrung einbringen.

1 *Schreiben Sie Ihren Interpretationsaufsatz, indem Sie die einzelnen Bestandteile Ihrer Ausführungen miteinander verknüpfen. Nutzen Sie dafür Ihren Schreibplan und Ihre Analyse als Arbeitsgrundlage. Verwenden Sie ein gesondertes Blatt.*

2 *Überprüfen und überarbeiten Sie die gesamte Arbeit anhand der folgenden Checkliste.*

Checkliste

Aufbau

- ☐ Ist mein Aufsatz in Einleitung, Hauptteil und Schluss gegliedert?
- ☐ Wird mein Gedankengang auch durch Absätze veranschaulicht?
- ☐ Habe ich sinnvolle Übergänge zwischen Einleitung, Hauptteil und Schluss sowie den beiden Aufgabenteilen gefunden?

Inhalt

- ☐ Enthält meine Einleitung Angaben zu Autor/Autorin, Titel, Textsorte und Thema?
- ☐ Führt meine Einleitung zur Aufgabenstellung hin und ist sie angemessen?
- ☐ Habe ich alle Kriterien für das Verfassen einer Inhaltsangabe angewandt?
- ☐ Habe ich den wesentlichen Inhalt (W-Fragen) zusammengefasst?
- ☐ Habe ich die Figuren charakterisiert?
- ☐ Habe ich meine Interpretation durch Zitate belegt?
- ☐ Habe ich die sprachliche Gestaltung (Textaufbau, Satzbau, Wortwahl) beschrieben und deren Bedeutung für den Inhalt erklärt?
- ☐ Habe ich die Aussage des Textes erkannt und formuliert?
- ☐ Rundet mein Schluss den Aufsatz ab?
- ☐ Enthält mein Schluss eine Wertung oder Verbindung zur Einleitung?

Sprachliche Gestaltung und Form

- ☐ Ist die Interpretation – wie die Inhaltsangabe auch – im Präsens geschrieben?
- ☐ Ist mein Ausdruck klar, verständlich und angemessen?
- ☐ Habe ich meinen Aufsatz auf häufige Rechtschreibfehler überprüft?
- ☐ Habe ich Wörter nachgeschlagen, bei deren Schreibweise ich unsicher war?
- ☐ Habe ich die Regeln der Zeichensetzung beachtet?

Textrevision: Einen Aufsatz überarbeiten

Der folgende Auszug aus einem Schüleraufsatz enthält die Einleitung und die Inhaltsangabe der Kurzgeschichte. Die Fehler im sprachlichen Bereich wurden bereits verbessert.

Überarbeiten Sie diesen Auszug. Gehen Sie dabei folgendermaßen vor:
- Schreiben Sie in die rechte Spalte, was verbessert werden muss.
- Schreiben Sie den Aufsatz neu. Verwenden Sie ein gesondertes Blatt.

Unser Eduard

In der Kurzgeschichte „Unser Eduard" von Paul Schallück werden die Gedanken und Gefühle der Personen geschildert, die Eduard nahestehen, einem Schüler, der sich kurz zuvor umgebracht hat.
Die Geschichte ist in vier Abschnitte gegliedert, in denen jeweils der Vater, die Mutter sowie die Schwester und ein guter Freund ihre Reaktionen auf Eduards Tod schildern. Der auktoriale Erzähler informiert den Leser so über die Persönlichkeit Eduards und dessen mögliche Motive für den Selbstmord. Der Vater berichtet über Eduards Hobbys und Neigungen. Für ihn war Eduard sehr verspielt, weich und verwöhnt. Für die Mutter dagegen war er ein ernster Junge, der überall nach Gott suchte. Auch die Schwester kommt zu Wort. Sie erklärt den Freitod ihres Bruders mit dessen großem Verlangen nach Liebe und seiner Unfähigkeit, die kleinen Dinge der Welt zu schätzen. Eduards bester Freund denkt anders und sagt, dass für Eduard alles keinen Sinn mehr hatte. Er sei mutig genug gewesen, sich umzubringen. Er sieht in seinem Freund den „coole[n]" Eddi, mit doppeltem d.
In der Familie wird kaum noch miteinander kommuniziert. Vor allem der Vater fühlt sich ausgegrenzt: „Wenn ich heimkomme, verstummen sie. Betrete ich das Zimmer, blicken sie nicht auf. Bei Tisch fällt kaum ein Wort. Sie schweigen mich an, sie strafen mich." (Z. 4) Hier wird deutlich, wie allein er sich fühlt und welche Last er tragen muss.
Der Text beinhaltet die Merkmale einer Kurzgeschichte: So beginnt die Handlung völlig unvermittelt. Es gibt nur die eine Hauptperson, die man durch die Spiegelung der Gedanken der vier Personen kennenlernt. Auch das Ende bleibt offen, ein weiteres Merkmal einer Kurzgeschichte.
Der Leser wird mit einer vielschichtigen Problematik konfrontiert. Eduards Motive für seinen Selbstmord können nicht vollständig geklärt werden. Man nähert sich dem Problem aus verschiedenen Perspektiven, von denen jede nur einen Erklärungsansatz liefert. Die entscheidende Frage bleibt: Wer war er wirklich?

Informationen fehlen

Mein persönlicher Lerncheck

Schätzen Sie Ihren Lernstand im Hinblick auf die „Interpretation von Prosatexten" ein. Beziehen Sie auch die Textrevision mit ein. Schreiben Sie die Vorlage zum Lerncheck von der vorderen Umschlagseite dieses Heftes ab und füllen Sie diese aus.

Weiterschreiben

Wenn Sie nach einer weiteren Trainingsmöglichkeit für diese Aufgabenart suchen, analysieren und interpretieren Sie den folgenden Text.

Burkhard Spinnen: Ente Orange

Am Morgen wird Kortschläger entlassen. New economy, sagt Dörfler. Heute noch auf hohen Rossen, morgen durch die Brust geschossen. Kortschläger bleibt vollkommen ruhig. Wenn er Dörfler wäre, würde er das Gleiche tun. So muss man denken. Dann packt er in Ruhe seine privaten Sachen in eine Plastiktüte.

Am Abend ist das große Abschlussessen im Kochseminar. Es soll Ente geben. Ente ist die Krönung, hat Sven, ihr Lehrer, gesagt. An Ente könne man einfach am meisten verderben. Aber wenn bei Ente alles stimme – ja, dann lecke sich jeder die Finger.

Kortschläger überlegt kurz, ob er nicht zu Hause bleiben und sich betrinken soll. Aber Dörfler wird sich auch nicht betrinken. Dörfler wird im Büro bleiben und sich weitere Einsparungen überlegen. Außerdem gibt es heute Abend nach dem Essen ein Diplom, das Kortschläger einrahmen und im Flur aufhängen will. Er nimmt den Bus, zu Ente gehört schließlich ein guter Tropfen.

Die Teilnehmer des Kochseminars tragen alle festliche Kleidung, darüber weiße Kittelschürzen. Es herrscht die allerbeste Stimmung. Auf dem großen Tisch liegen acht Enten, je eine für zwei Personen. Viel zu viel, aber heute soll es einmal nicht darauf ankommen. Sven gibt den Plan aus: Zweimal Ente mit Orangensauce, zweimal mit Pfirsich, zweimal mit Ananas, zweimal mit Granatapfel.

Und los!, sagt Sven. Paare bilden und anfangen mit dem Ausnehmen. Kortschläger steht neben Miriam, das ist beim letzten Mal vereinbart worden. Miriam ist zehn Jahre jünger als er und Unternehmensberaterin. Ziemlich eklig, sagt er, aber Miriam schüttelt den Kopf. Man muss schon wissen, was man isst. Nur dann kann man es auch genießen. Sie will in die Ente greifen, doch sie hält inne. Sie schaut an sich herunter.

Und, sagt Kortschläger, wie sieht's allgemein aus?

Überall Flaute, sagt Miriam, nur nicht bei uns. Sie lacht, sie schaut auf ihre Hände. Dann bindet sie ihre Kittelschürze los, legt sie ab und gleich darauf ihre weiße Bluse. Einen Moment steht sie im BH neben Kortschläger. Der BH ist rot, seine Träger haben ein Muster. Wie zwei Filmstreifen, denkt Kortschläger. Miriam zieht die Schürze wieder an. Blut an den Händen, sagt sie, ist kein Problem. Aber nicht an meiner besten Bluse!

Kortschläger hat den Atem angehalten. Es ist laut im Raum. Niemand schaut her. Übrigens, sagt er, mich haben sie heute Morgen gefeuert. Miriam greift in die Ente. Sie schreit. Dann zieht sie einen Plastikbeutel heraus, in dem die Innereien sauber übereinanderliegen. Sie schüttelt den Kopf. Dann sieht sie Kortschläger an. Schlimm!, sagt sie. Üble Zeiten. Sie reicht ihm ein Messer und eine Orange. Die Schale in sehr schmale Streifen schneiden. – Ob er das schaffe?

Kortschläger nimmt das Messer. Sicher, sagt er. Miriam lächelt ihn an. Auf ihrer Schulter leuchtet neben dem weißen Träger der Schürze der rote vom BH. Kortschläger nimmt die Orange. Vorsichtig setzt er das Messer an.

Burkhard Spinnen (geb. 1956), deutscher Schriftsteller und Mitglied im P.E.N.-Zentrum Deutschland, schreibt neben seinen literarischen Texten Rezensionen für Zeitungen und den Rundfunk. Er erhielt diverse Preise und Auszeichnungen für seine schriftstellerische Arbeit.

Interpretation von Gedichten

Die Aufgabe

- Interpretieren Sie das Gedicht „Das graue Haar“ von Mascha Kaléko.
- Vergleichen Sie es mit dem Gedicht „Einer Jungfrauen Klage über nahendes Alter“ von Martin Opitz.

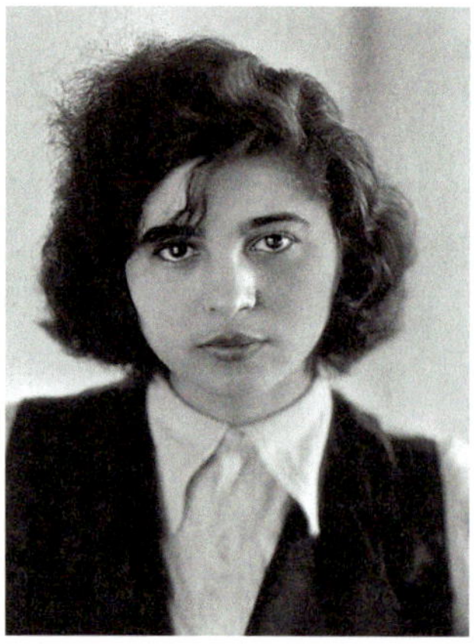

Mascha Kaléko (1907 - 1975), Kind jüdischer Eltern, veröffentlichte mit 22 Jahren als Berlinerin erste Gedichte. Einige ihrer Werke fielen 1933 den Bücherverbrennungen zum Opfer und 1938 floh sie vor den Nationalsozialisten in die USA.

Die Aufgabe verstehen

Diese Überlegungen helfen Ihnen, die Aufgabe zu bearbeiten:

- den ersten Eindruck notieren und den Inhalt mit eigenen Worten wiedergeben
- den Aufbau und die sprachliche Form untersuchen und beschreiben
- die Funktion der formalen Aspekte für den Inhalt deuten
- die Aussage des Gedichts erkennen und formulieren
- beim Vergleich: die Gedichte hinsichtlich Form und Inhalt vergleichen

Die Gedichtinterpretation vorbereiten

1 *Lesen Sie das Gedicht.*

Mascha Kaléko: Das graue Haar

Ein welkes Sommerblatt fiel mir zu Füßen.
– Dein erstes graues Haar. Es sprach zu mir:
Mai ist vorbei. Der erste Schnee läßt grüßen.
Es dunkelt schon. Die Nacht steht vor der Tür.

Bald wird der Sturmwind an die Scheiben klopfen.
Im Lindenbaum, der so voll Singen war,
Hockt stumm und düster eine Krähenschar.
Hörst du den Regen von den Dächern tropfen?

So sprach zu mir das erste graue Haar.
Da aber ward ich deinen Blick gewahr,
Da sah ich, Liebster, lächelnd dich im Spiegel.
Du nicktest wissend: Ja so wird es sein.

Und deine Augen fragten mich im Spiegel,
Läßt mich die Nachtigall im Herbst allein?
Und meine Augen sagten dir im Spiegel:
Kommt, Wind und Regen, kommt! Wir sind zu zwein.

Das graue Haar, ich suchte es im Spiegel,
Der erste Kuß darauf, das war mein Siegel.

(1958) R

2 *Wie wirkt das Gedicht auf Sie? Notieren Sie Ihren ersten Leseeindruck.*

Das Gedicht verstehen

1 *Markieren Sie Schlüsselbegriffe und Kernaussagen des Gedichts.*

2 *Bilden Sie Sinnabschnitte und geben Sie diesen Überschriften. Nutzen Sie dafür die linke Spalte.*

3 *Welche Grundstimmung wird vermittelt? Belegen Sie Ihre Meinung mit Textverweisen.*

4 *Formulieren Sie das Thema des Gedichts in einem Satz.*

Die Form und die Sprache analysieren

Arbeitstechnik **Elemente der Form- und Sprachanalyse bei Gedichten**

Wie bei allen Texten müssen Sie auch bei einem Gedicht nicht nur den Inhalt interpretieren, sondern auch Form und Sprache analysieren. Folgende Elemente sind dabei zu berücksichtigen:

Lyrisches Ich: Das lyrische Ich entspricht dem fiktiven Erzähler (selten auch dem realen Autor) in einem Gedicht: Es ist immer präsent, auch wenn es nicht immer durch den Begriff „ich“ benannt wird.
Interpretation des Inhalts: Sie müssen nachvollziehbar darlegen, welche Figuren wie dargestellt werden und mit welcher Absicht sie etwas tun oder sagen.

Formanalyse
- Aufbau: Strophen-, Verszahl, evtl. besondere Formen, wie z. B. Sonett
- Reimschema: Paarreim (aabb), Kreuzreim (abab), umarmender Reim (abba)
- Metrum (Versmaß): Jambus (xx̀), Trochäus (x̀x), Anapäst (xxx̀), Daktylus (x̀xx)
- Kadenz (Betonung am Versende): a) weiblich oder klingend (*„Festgemauert in der Erden“*) und b) männlich oder stumpf (*„Steht die Form, aus Lehm gebrannt.“*)
- Zeilenkomposition (Reimschema, freie Verse, freie Rhythmen)
- Zeilenstil (Übereinstimmung von Satz- und Versende) oder Hakenstil mit sogenanntem Enjambement (= Zeilensprung)

Sprachanalyse
Wortwahl; Satzbau; rhetorische Mittel (s. Umschlagseite)

1 *Überlegen Sie, ob das lyrische Ich männlich oder weiblich ist, und begründen Sie Ihre Meinung.*

____

____

2 *Charakterisieren Sie auf einem separaten Blatt sowohl das lyrische Ich als auch das angesprochene „Du“. Belegen Sie Ihre Aussagen am Text.*

3 *Beschreiben Sie die Beziehung der beiden und belegen Sie Ihre Aussagen. Nehmen Sie ein gesondertes Blatt.*

4 *Markieren und benennen Sie die verwendeten sprachlichen Mittel. Nutzen Sie dafür die rechte Spalte neben dem Gedicht.*

5 *Schreiben Sie die jeweiligen sprachlichen Mittel heraus und ordnen Sie ihnen stichpunktartig eine Funktion zu. Verwenden Sie dazu ein gesondertes Blatt.*

Einen Gedichtvergleich durchführen

1 *Lesen Sie das Gedicht*

Martin Opitz: Einer Jungfrawen Klage vber nahendes Alter*

ACh wo ist nun die Zeit / in der man pflag zu gleichen
Der Rosen schöner Zier mein‘ edele Gestalt?
Ja freylich bin ich so / nun ich bin graw und alt.
Eh‘ als der Sonnen Glantz die Rose kan erreichen

So muß sie durch die Lufft der Nacht zuvor verbleichen /
Vnd hat nur von dem Thaw ein wenig Vnterhalt:
So netzen mich jetzt auch die Trenen mannigfalt /
Weil ich die junge Zeit nun habe lassen schleichen.

Geht dann der Morgen an / so wird die Rose roth;
Ich werde Schamrot, auch gedenck ich an die Noth.
Doch hab ich diesen Trost daß gleich wie von den Winden

Die Rose wann der Tag sich neigt / wird abgemeit /
So werd‘ auch ich / weil nun mein Abend nicht ist weit
Kan ja es hier nicht sein / doch Ruh‘ im Grabe finden.

*(1624) *Text in originaler Schreibweise*

Martin Opitz (1597 – 1639), verfolgte gemeinsam mit anderen führenden Dichtern des Barock ein zentrales Ziel: Sie wollten die deutsche Sprache fest in der Literatur verankern und gegenüber der damals noch vorherrschenden lateinischen Sprache aufwerten. Ihr Bemühen trug Früchte. 1681 wurden im deutschsprachigen Raum erstmals genauso viele Bücher in deutscher wie in lateinischer Sprache gedruckt.

2 *Wie wirkt dieses Gedicht auf Sie? Notieren Sie Ihren Leseeindruck.*

____

____

3 *Notieren Sie die Gemeinsamkeit in der Kernaussage beider Gedichte. Formulieren Sie den Unterschied in der Grundstimmung.*

	Das graue Haar	**Einer Jungfrawen Klage vber nahendes Alter**
Kernaussage		
Grundstimmung		

4 *Welche Metaphern werden in beiden Gedichten verwendet? Aus welchem Bereich stammen diese? Schreiben Sie in die Tabelle.*

Das graue Haar	**Einer Jungfrawen Klage vber nahendes Alter**
Metaphern: Bereich:	Metaphern: Bereich:

5 *Vergleichen Sie das lyrische Ich und das „Du“ der beiden Gedichte.*

a) Charakterisieren Sie das lyrische Ich in Bezug auf seine Einstellung zum Leben. Tragen Sie diese Erkenntnisse in die Tabelle ein und ergänzen Sie die Tabelle durch das, was Sie über das andere lyrische Ich im Kaléko-Gedicht herausgefunden haben.

b) Notieren Sie, was sich in beiden Gedichten über das „Du“ sagen lässt.

	Das graue Haar	Einer Jungfrawen Klage vber nahendes Alter
Lyrisches Ich - Blickrichtung (Wer altert?) - Einstellung zum gelebten Leben - Perspektiven für die Zukunft		
Du		

6 *Untersuchen Sie nun die beiden Gedichte auf formale Aspekte. Übertragen Sie dabei das, was Sie vom ersten Gedicht bereits wissen.*

	Das graue Haar	Einer Jungfrawen Klage vber nahendes Alter
Gedichtform (Strophen, Verse, Reime)		
Metrum		
Sprachlich-stilistische Mittel		
Funktion der formalen Struktur		

Basiswissen **Barock (1600 – 1700)**

Aufwändiger Lebensstil der absolutistischen Herrscher ging im 17. Jahrhundert einher mit den Gräueln des Dreißigjährigen Krieges. Die Literatur reagierte auf dieses Spannungsfeld: Sie stellte die Lebensfreude gern einer Todessehnsucht gegenüber. Das Irdische wurde gern zugunsten einer Freude auf Jenseitiges abgewertet (Vanitas-Gedanke).

7 *Zwischen der Entstehungszeit der beiden Gedichte liegen mehr als 300 Jahre und auch das „jüngere" Gedicht ist mittlerweile über 50 Jahre alt. Beurteilen Sie die Aktualität der beiden Gedichte. Beachten Sie dabei, was Sie über thematische Schwerpunkte der Literaturepoche des Barock wissen.*

a) Tragen Sie Ihre Gedanken hierzu in folgender Tabelle zusammen.

Aktualität des Gedichtes von Kaléko	**Aktualität des Gedichtes von Opitz**

b) Nutzen Sie die Gedankensammlung von Aufgabe 7a und formulieren Sie daraus Ihre Bewertungen auf einem separaten Blatt.

Die Gedichtinterpretation und den Gedichtvergleich schreiben

Die einzelnen Bestandteile zusammenfügen

Arbeitstechnik **Eine vergleichende Gedichtinterpretation verfassen**

In der Einleitung geben Sie dem Leser Informationen zu Autor/-in, Titel, Textsorte, Erscheinungsjahr und Thema beider Gedichte. Im Hauptteil beginnen Sie mit dem ersten Gedicht. Sie schreiben zunächst eine strukturierte Inhaltswiedergabe (Inhalt + Aufbau). Daran schließen Sie die Form- und Sprachanalyse an, verbunden mit der inhaltlichen Interpretation des ersten Gedichtes. Sie sollen dabei Inhalt und Form so weit wie möglich sinnvoll aufeinander beziehen. *Wer sagt was zu wem in welcher Form mit welcher Wirkung?*

Anschließend widmen Sie sich dem zweiten Gedicht. Sie müssen dies aber nicht mit derselben Ausführlichkeit behandeln wie das erste Gedicht, sondern ziehen dieses lediglich zu einem Vergleich heran. Dies tun Sie, indem Sie auf inhaltliche und formale Gemeinsamkeiten und Unterschiede hinweisen und diese darlegen. Im Schlussteil bewerten Sie beide Gedichte, indem Sie sich abschließend zu deren Form, Inhalt, Sprache und Aktualität begründet äußern.

1 *Schreiben Sie die Einleitung zur Gedichtinterpretation „Das graue Haar" von Mascha Kaléko. Verwenden Sie dazu ein gesondertes Blatt.*

2 *Schreiben Sie den Hauptteil der Interpretation.*

a) Interpretieren Sie dazu zunächst das erste Gedicht.
- Formulieren Sie Ihre Ergebnisse der Inhalts-, Form- und Sprachanalyse.
- Beachten Sie dabei die Verknüpfung von Form und Inhalt.
- Belegen Sie Ihre Aussagen mit Textverweisen.

b) Widmen Sie sich jetzt dem zweiten Gedicht, indem Sie es zum Vergleich heranziehen. Führen Sie aus, welche Gemeinsamkeiten und Unterschiede zwischen beiden Gedichten hinsichtlich des Motivs der „Vergänglichkeit und des Alterns", der sprachlichen Mittel, der formalen Struktur, der Stimmung und Aussage bestehen.

3 *Schreiben Sie den Schlussteil.*

Bewerten Sie die Gedichte kritisch und äußern Sie sich abschließend begründet zu deren Form, Inhalt, Sprache und Aktualität.

4 *Überprüfen und überarbeiten Sie die gesamte Arbeit anhand der folgenden Checkliste.*

Checkliste

Inhaltliche Gestaltung

- [ ] Enthält meine Einleitung Angaben zu Autor/Autorin, Titel, Textsorte, Erscheinungsjahr (soweit bekannt) sowie Thema?
- [ ] Habe ich den Inhalt strukturiert wiedergegeben?
- [ ] Habe ich eine Formanalyse durchgeführt?
- [ ] Habe ich das lyrische Ich sowie weitere Figuren und deren Beziehung zueinander beschrieben?
- [ ] Habe ich die sprachlichen Mittel benannt und deren Funktion gedeutet?
- [ ] Habe ich meine Deutungen mit Textverweisen belegt?
- [ ] Habe ich bei einem Gedichtvergleich Gemeinsamkeiten und Unterschiede herausgearbeitet?
- [ ] Habe ich im Schlussteil das Gedicht bzw. die Gedichte beurteilt?

Sprachliche Gestaltung und Form

- [ ] Ist die Interpretation im Präsens geschrieben?
- [ ] Ist mein Ausdruck klar, verständlich und angemessen?
- [ ] Habe ich meinen Aufsatz auf häufige Rechtschreibfehler überprüft?
- [ ] Habe ich Wörter nachgeschlagen, bei deren Schreibweise ich unsicher war?
- [ ] Habe ich Flüchtigkeitsfehler gefunden und korrigiert?
- [ ] Habe ich die Regeln der Zeichensetzung beachtet?
- [ ] Ist die äußere Form meiner gesamten Arbeit ansprechend?

Textrevision

Der folgende Satz wurde einem Schüleraufsatz zu einer Gedichtinterpretation entnommen. Bewerten Sie die Aussagekraft dieses Satzes.

„Das Gedicht beinhaltet acht Personifikationen, eine Anapher sowie eine Metapher.“

Mein persönlicher Lerncheck

Schätzen Sie Ihren Lernstand in Hinblick auf die Aufgabe „Gedichtinterpretation/ Gedichtvergleich“ ein. Beziehen Sie auch die Übungen zur Textrevision mit ein. Schreiben Sie die Vorlage zum Lerncheck von der vorderen Umschlagseite dieses Arbeitsheftes ab und füllen Sie diese aus.

Weiterschreiben

Wenn Sie nach einer weiteren Trainingsmöglichkeit für diese Aufgabenart suchen, bearbeiten Sie die folgende Aufgabe.

Interpretieren Sie das Gedicht „Unaufhaltsam“ von Hilde Domin.

Hilde Domin: Unaufhaltsam

Das eigene Wort,
wer holt es zurück,
das lebendige
eben noch ungesprochene
Wort?

Wo das Wort vorbeifliegt
verdorren die Gräser,
werden die Blätter gelb,
fällt Schnee.
Ein Vogel käme dir wieder.
Nicht dein Wort,
das eben noch ungesagte,
in deinen Mund
Du schickst andere Worte
hinterdrein,
Worte mit bunten, weichen Federn.
Das Wort ist schneller,
das schwarze Wort.
Es kommt immer an,
es hört nicht auf,
anzukommen.

Besser ein Messer als ein Wort.
Ein Messer kann stumpf sein.
Ein Messer trifft oft
am Herzen vorbei.
Nicht das Wort.

Am Ende ist das Wort,
immer
am Ende
das Wort.

Hilde Domin wurde 1909 in Köln als Kind eines jüdischen Rechtsanwalts geboren. 1932 verließ sie ihre deutsche Heimat. Ihren Künstlernamen „Domin“ prägte sie in Anlehnung an die Dominikanische Republik, wo sie lange Jahre gelebt hatte. 2006 starb sie in Heidelberg.

Interpretation von dramatischen Texten

Die Aufgabe

- Ordnen Sie den Auszug aus dem Drama „Antigone“ von Sophokles in den Gesamtzusammenhang des Dramas ein.
- Interpretieren Sie den Auszug. Legen Sie hierbei den Schwerpunkt auf die Analyse der beiden Frauenfiguren.
- Vergleichen Sie den vorliegenden Textauszug von Sophokles mit Auszügen des Stückes „Die Antigone von Sophokles“ von Bertolt Brecht.

Die Aufgabe verstehen

Diese Überlegungen helfen Ihnen, die Aufgabe zu bearbeiten:

- den Inhalt und den Aufbau des Dramenauszuges verstehen
- dessen Bedeutung als Exposition erklären, Fragen nach der Funktion stellen
- den wesentlichen Inhalt einer Dramenszene themenorientiert interpretieren
  - die Figuren und deren Dialog analysieren
  - die Arbeitsergebnisse mit Textbeispielen belegen
- ähnliche und unterschiedliche Positionen der beiden Dramen herausarbeiten

Den Dramenauszug in den Gesamtzusammenhang einordnen

Sophokles (497 – 406 v. Chr.) wurde in Konolos bei Athen geboren. Seine Eltern waren wohlhabend. So genoss er eine weitgefächerte Bildung. Er blieb seiner Heimat stets verbunden, in der er viele Kriege erleben musste (Erster und Zweiter Perserkrieg; Kriege gegen Sparta). Sophokles stand als Stratege und Schatzmeister in Diensten des Staates; jedoch war er auch den feinen Künsten verbunden: Er trat als Schauspieler und Sänger auf und gewann einige Dichterwettbewerbe. Sieben seiner Tragödien und ein Satyrspiel sind erhalten.

1 *Lesen Sie den folgenden Textauszug der Eingangsszene.*

Sophokles: Antigone (Auszug)

Antigone und Ismene kommen aus dem Haus.

ANTIGONE

O Schwester, du mein eigen Blut, Ismene,
Sag einen Fluch von Ödipus[1], den Zeus[2]
Nicht schon erfüllt in unser beider Leben!
Da ist kein Leid und keine Freveltat
Und keine Kränkung, keine Schändlichkeit,
Die wir nicht selbst erlebten, du und ich.
Und heute wieder, was er allem Volk
Verkündet haben soll, der neue Führer –
Kennst du's? Erfuhrst du's? Oder merkst du nicht,
Was unsern Lieben von den Feinden naht?

ISMENE

Kein Wort von unsern Lieben kam zu mir,
Antigone, kein frohes und kein bittres,
Seit beide Brüder uns gefallen sind
An einem Tage, einer durch den andern.
Und seit in dieser Nacht der Feinde Heer

1 Ödipus: Vater von Polyneikes, Eteokles, Ismene und Antigone
2 Zeus: oberster Gott der griechischen Mythologie

Verschwunden ist, erfuhr ich weiter nichts,
Was neues Leid mir oder Freude brächte.

ANTIGONE
Ich wusst es wohl, und darum rief ich dich
Hinaus vors Tor, dass du allein es hörst.

ISMENE
Was ist's? Ich merke, wie es in dir wogt!

ANTIGONE
Gab Kreon nicht dem einen unsrer Brüder
Des Grabes Ehr und weigert sie dem andern?
Eteokles barg er nach Recht und Sitte
Im Schoß der Erde, heißt es, dass er drunten
Bei den Verstorbenen in Ehren steht,
Des Polyneikes armer Leichnam aber
Darf nicht beweint und nicht begraben werden –
So sei dem Volk befohlen, unbeklagt
Und unbestattet soll man ihn den Vögeln,
Sie lauern schon, zum üppigen Fraße lassen!
Ein solch Gebot hat uns der edle Kreon
Verkündet, dir und mir, du hörst: auch mir.
Und er wird selbst erscheinen, um es allen
Die es nicht wissen, deutlich anzusagen.
Und damit scherzt er nicht: Wer's dennoch tut,
Der stirbt durch Steinigung vor allem Volk.
So steht's. Nun wirst du zeigen, bist du edel
Geboren oder schlugst du aus der Art.

ISMENE
Verwegne! Wenn es so steht, was kann ich
Dann lösend oder knüpfend daran ändern?

ANTIGONE
Sieh, ob du Müh und Arbeit teilen willst!

ISMENE
Was für ein Wagnis kommt dir in den Sinn?

ANTIGONE
Ob deine Hand mit mir den Toten birgt.

ISMENE
Begraben willst du ihn, trotz dem Verbot!

ANTIGONE
Ja, meinen Bruder, und versagst du dich,
Auch deinen. Zum Verräter werd ich nicht.

ISMENE
Vermessne! Kreon hat es untersagt!

ANTIGONE
Er darf mich von den Meinen doch nicht trennen.

ISMENE
Ach Schwester, denke, wie der Vater uns
Verhasst und ohne Ruhm zugrunde ging,
Für selbstenthüllte Frevel sich die Augen
Ausstach, er selber, mit der eignen Hand!
Wie sie dann, die ihm Weib und Mutter war
In einem, schändlich sich erhängte!
Und wie an einem Tage unsre Brüder,
Unselig Paar, das gleiche Todeslos
Im Wechselmorde[3] sich bereiteten!
Und nun wir beiden Übrigen, bedenk,
Wie schlimm wir enden, wenn wir dem Gesetz
Zum Trotz der Herrscher Machtwort übertreten!
Wir müssen einsehn, dass wir Frauen sind,
Mit Männern uns zu messen nicht bestimmt.
Der Stärkere hat über uns Gewalt,
Er kann noch Härtres fordern als nur dies.
So flehe ich zu denen unterm Boden,
Sie mögen mir verzeihen, da Gewalt
Mich zwingt. Ich füge mich der Obrigkeit:
Maßlos zu handeln hat ja keinen Sinn.

ANTIGONE
Ich heiß dich nicht mehr. Und wenn du noch wolltest,
Mich könnte deine Hilfe nicht mehr freun.
Sei du nur, wie dir gut scheint – ich begrab ihn,
Und wenn ich dafür sterbe, das ist schön.
Geliebt bei dem Geliebten ruh ich dann,
Und fromm hab ich gefrevelt. Länger muss ich
Den Untern als den Menschen hier gefallen:
Dort ruh ich allezeit. Du, wenn du willst,
Verachte, was den Göttern heilig ist!

ISMENE
Mir gilt es nicht verächtlich, doch der Stadt
Zum Trotz zu handeln, hab ich nicht die Kraft.

ANTIGONE
Das sei dein Vorwand. Aber ich geh hin,
Das Grab dem lieben Bruder aufzuschütten.

ISMENE
Unglückliche! Wie hab ich Angst um dich!

ANTIGONE
Für mich nicht fürchte, bessre dein Geschick,

ISMENE
So halte wenigstens die Tat geheim
Und sag es niemand, und auch ich will schweigen.

ANTIGONE
Nein, laut verkünden sollst du's allen Leuten,
Du bist mir viel verhasster, wenn du schweigst!

3 Wechselmord: Eteokles und Polyneikes töteten sich gegenseitig.

ISMENE
Heiß wallt dein Herz bei schauerlichem Werk!
ANTIGONE
Auf die es ankommt, die weiß ich mir hold.
ISMENE
Wenn du's vermagst. Du willst Unmögliches.
ANTIGONE
Eh meine Kraft versagt, geb ich nicht auf.
ISMENE
Unmögliches soll man auch nicht beginnen.
ANTIGONE
Das sage nicht, sonst müsste ich dich hassen,
Und auch des Toten Hass verdientest du.
Nein, lass du mich und meine Torheit nur
Dies Schreckliche erleiden! Auch das Schlimmste,
Was ich muss leiden, ist ein schöner Tod.
Sie geht.
ISMENE
Wenn du's denn willst, so geh. Ich weiß, dein Gang
Ist sinnlos, doch die Lieben liebst du recht.
[...]
Kreon mit Bewaffneten aus dem Haus
KREON
Ihr Männer, schwer erschütterten den Staat
Die Götter und errichteten ihn neu.
Euch aber, auserwählt aus allem Volk,
Entbot ich zu mir, weil ich weiß, wie redlich
Ihr stets dem Thron des Laios[4] gedient,
Auch dann, als Ödipus die Stadt erhob.
Nach seinem Untergang bewahrtet ihr
Die Treue unerschüttert seinen Söhnen.
Da diese nun an einem Tage beide
Das Todeslos ereilte – jeder traf,
Der ihn getroffen in verruchtem Mord –,
Kam die gesamte Herrschermacht auf mich,
Den Nächstverwandten der Gefallenen.
Unmöglich kann man eines Menschen Herz,
Sein Denken und sein Wollen ganz erkennen,
Eh er in Staat und Ämtern sich erprobt.
Für mich ist einer, der ein ganzes Volk
Zu führen hat und nicht an seinen besten
Entschlüssen festhält, sondern ängstlich schweigt,
Ein Feigling, und so dachte ich schon immer.
Wem aber höher als sein Vaterland
Die Freunde stehn, der ist für mich nichts wert.
Ich selbst, bei Zeus, der allzeit alles sieht,
Ich schweige niemals, wenn ich statt des Heils
Das Unheil meinem Volke nahen sehe,
Und niemals wähle ich den Feind der Stadt
Zu meinem Freunde, weil ich weiß: Sie ist's,
Die uns erhält, und steuern wir mit ihr
Auf rechter Bahn, gewinnen wir uns Freunde.

Nach solchem Grundsatz fördre ich den Staat,
Und gleicher Herkunft ist auch mein Gebot,
Das für die Söhne gilt des Ödipus:
Eteokles, der für sein Vaterland
Gekämpft hat und gefallen ist als Held,
Den senket in das Grab mit allen Weihen,
Die wir den besten unsrer Toten spenden.
Dagegen seinen Bruder, Polyneikes,
Der landverwiesen war und wiederkam
Und seiner Väter Stadt und Götterbilder
Verbrennen wollte, den's gelüstete,
Sein eignes Volk zu morden, zu versklaven,
Dem wird, so gab ich dieser Stadt bekannt,
Kein Grab zuteil und keine Totenklage
Sein Leib bleibt unbestattet, eine Beute
Von Hund und Vögeln, schändlich anzuschaun.
Das ist mein Wille. Und zu keiner Zeit
Werd ich den Schlechten vorziehn dem Gerechten.
Wer aber einsteht für sein Volk, der wird
Von mir geehrt im Leben und im Tod.

(442 v. Chr.)

4 Laios: Vater von Ödipus, König von Theben

Basiswissen **Exposition**

Die Exposition eines Dramas hat folgende Aufgaben:
- Einführung in Zeit, Ort und Atmosphäre der Handlung
- Vorstellung der Hauptfiguren
- Anbahnung des dramatischen Konflikts

2 *Beim vorliegenden Textauszug handelt es sich um die Exposition (siehe Basiswissen „Exposition" S. 76). Erläutern Sie, inwiefern hier die Weichen für den Verlauf des Dramas gestellt werden.*

- Was erfährt der Zuschauer über Ort und Atmosphäre der Handlung?

- Was erfährt er über die Hauptfiguren?

- Welcher Konflikt bahnt sich an?

Arbeitstechnik **Eine Textstelle in den Gesamtzusammenhang einordnen**

Folgende Aspekte sollten Sie berücksichtigen, wenn Sie eine Textstelle in den Gesamtzusammenhang einordnen. Zunächst formulieren Sie eine inhaltliche Zusammenfassung der Textstelle. Wenn es sich um eine Textstelle handelt, der andere Szenen vorausgehen, dann verdeutlichen Sie kurz die Vorgeschichte, also woraus und warum sich die im Auszug beschriebene Handlung entwickelt hat. Stellen Sie daran anschließend dar, wie die Handlung weiter verläuft. Verwenden Sie das Präsens und vermeiden Sie direkte Zitate. Wichtige Äußerungen der Figuren geben Sie in der indirekten Rede wieder.

3 *Schreiben Sie den ersten Teil des Aufsatzes auf ein gesondertes Blatt. Ordnen Sie darin den Auszug in den Gesamtzusammenhang des Dramas ein.*

Die Interpretation und den Dramenvergleich vorbereiten

Die Frauenfiguren analysieren

Bevor Sie mit der Interpretation des Textauszuges beginnen, untersuchen Sie detailliert die beiden Frauenfiguren.

1 ***Unterstreichen Sie mit verschiedenfarbigen Stiften die Textstellen, die die beiden Frauenfiguren charakterisieren.***

a) Welche sprachlichen Mittel setzt jede der beiden Frauen ein, um ihr Kommunikationsziel zu erreichen? Erwägen Sie dabei, ob es Besonderheiten in der Wortwahl, der Syntax und dem Sprechtempo gibt. Füllen Sie die Tabelle aus.

	Deutung (Charakteristika)	Textbelege	Besonderheiten in der Sprache
Antigone			
Ismene			

b) Ziehen Sie nun ein Fazit bezüglich beider Figuren unter Miteinbeziehung der Ergebnisse Ihrer Analysearbeit.

Antigone ist ...

____

____

Ismene hingegen ist ...

____

____

c) Untersuchen Sie den Dialog, den die beiden miteinander führen, etwas genauer. Betrachten Sie Aspekte wie Dominanz, Redeanteile, Gesprächsverlauf sowie stilistische Störungen in der Kommunikation. Tragen Sie Ihre Ergebnisse in eine Tabelle auf einem gesonderten Blatt ein.

Den Vergleich herstellen

Bertolt Brecht wurde 1898 in Augsburg geboren. Im Alter von 26 Jahren zog er nach Berlin. Er studierte Medizin und half bei Kriegsende in Lazaretten aus. Seit seiner Schulzeit hatte er Gedichte geschrieben und Dramen entworfen. Seine Stücke orientierten sich inhaltlich am Marxismus. 1933 verließ er Deutschland und lebte schließlich in den USA. Dort entwickelte er sein „episches Theater". 1947 kehrte er nach Deutschland zurück, wo er 1956 in Ost-Berlin starb.

1 ***Lesen Sie den folgenden Textauszug.***

Bertolt Brecht: Die Antigone des Sophokles (Auszüge)

Vorspiel

Berlin, April 1945.
Tagesanbruch.
Zwei Schwestern kommen aus dem Luftschutzkeller zurück in ihre Wohnung.

DIE ERSTE
Und als wir kamen aus dem Luftschutzkeller
Und es war unversehrt das Haus und heller
Als von der Früh, vom Feuer gegenüber, da
War's meine Schwester, die zuerst es sah.

[...Sie finden nun Speck und Brot vor, das wohl jemand dort für sie hingelegt hat; die Schwestern vermuten, es sei der Bruder gewesen, d. Verf.]

Ein Brüllen von außen.
DIE ZWEITE
Schwester, da schreit wer; laß uns nachsehn gehn.
DIE ERSTE
Bleib sitzen, du; wer sehn will, wird gesehn.
So gingen wir nicht vor die Tür und sahn
Nicht nach den Dingen, die da drauß geschahn.
[...]

[Die Schwestern sehen dann den Soldatenrock des Bruders am Haken hängen; sie hören wieder Schreie vor der Tür; nach einer Weile müssen sie beide das Haus verlassen. Sie sehen, dass es ihr Bruder ist, der schrie. Er ist gehängt worden. Als sie gehen wollen, steht ein SS-Mann vor dem Haustor; er hatte den Bruder getötet, weil er ihn für einen Volksverräter gehalten hat. Sie tun so, als würden sie ihren Bruder nicht kennen, d. Verf.]
[Szenenwechsel: Der Tyrann Kreon hat sein wirtschaftlich in Not geratenes Theben in einen Krieg gegen das benachbarte Argos verwickelt, um von dessen reichen Erzgruben profitieren zu können, d. Verf.]

Antigone

Vor dem Palast des Kreon.

Tagesanbruch.

ANTIGONE *in einen eisernen Krug Staub sammelnd*
Schwester, Ismene, Zwillingsreis
Aus des Ödipus Stamm, weißt du etwas
Irrsal, traurige Arbeit, Schändliches
Das der Erde Vater noch nicht verhängt hat
Über uns, die bis hieher lebten?
In langem Krieg, einer mit vielen
Fiel Eteokles uns, der Bruder. Im Zug des Tyrannen
Fiel er jung. Und, jünger als er, Polyneikes
Sieht den Bruder zerstampft unterm Gäulehuf. Weinend
Reitet er aus unfertiger Schlacht, denn anderes andrem
Bescheidet der Schlachtgeist, wenn der hart
Anregend einem mit dem Rechten die Hand erschüttert.
Schon
Hat der hinstürzende Flüchtling
Die Dirzäischen Bäche gequert, aufatmend
Sieht er Thebe, die Siebentorige, stehn, da greift
Den vom Blut des Bruders Besprengten Kreon, der hinten
Einpeitscht alle sie in die Schlacht, und zerstückt ihn.
Sagten sie dir's, oder sagten sie's nicht, was
Mehr gehäuft sein soll auf des Ödipus
Hinschwindend Geschlecht?
ISMENE
Nicht auf dem Markte zeigte ich mich, Antigone.
Nicht ein Wort kam zu mir von Lieben mehr
Nicht ein liebliches und auch kein trauriges
Und bin nicht glücklicher und nicht betrübter.

ANTIGONE
Dann hör's von mir. Und ob dir dem Herze
Stockt der Schlag, ob tiefer schlägt
Im Unglück, das zeig mir.

ISMENE
Staubaufsammelnde, du färbst mir
Scheint's ein rotes Wort.

ANTIGONE
Hier hast du's: Unsere Brüder
Beide geschleppt in des Kreons Krieg um das Grauerz
Gegen das ferne Argos, beide erschlagen
Sollen nicht beide mit Erde bedeckt sein.
Der nämlich die Schlacht nicht gefürchtet, Eteokles
Soll, so heißt's, nach dem Brauch bekränzt und bestattet sein;
Aber vom andern, der gestorben ist armselig
Von Polyneikes' Leib heißt's jetzt, man hab
Es in der Stadt verkündet, daß ihn man
Berg mit keinem Grab und nicht betraure.
Ihn soll man lassen unbeweint, grablos
Süß' Mahl den Vögeln. Wer aber
Etwas tut dabei, der soll gesteinigt werden.
So also sag mir, was du tust dabei.

ISMENE
Wie, Schwester, prüfst du mich?
[...]

[Kreon kommt vom Schlachtfeld zurück. Er ist nun Herrscher und hält eine Rede vor den Alten, d. Verf.]

KREON
Ihr Männer, teilt's mit allen: Argos
Ist nicht mehr. Abrechnung war
Völlige. Von elf Stadtschaften
Entrannen wenige, die wenigsten!
Wie's von der Thebe heißt: dem Glück
Wirfest du Zwillinge gleich; und mürbe
Machet dich nicht das Unglück, es selber
Wird mürbe. Deines Speeres Durstigkeit
Ward gelöscht mit erstem Trinken. Versagt war ihm nicht
Wiederholtes Trinken. Auf rauhen Ruhplatz
Legtest, Thebe, du das Argosvolk. Stadtlos, grablos
Liegt jetzt im Freien, das deiner spottete.
Und du siehst hin
Wo einst ihre Stadt war
Und du siehst Hunde
Denen glänzet das Angesicht.
Die edelsten Geier fliegen zu ihr; sie schreiten
Von Leichnam zu Leichnam
Und von dem reichlich bereiteten Mahle
Nicht in die Höhe können sie steigen.
[...]
Bald, Freunde, bald! Doch zu Geschäften. Noch nicht
Seht ihr das Schwert mich in den Tempel hängen.
Euch nämlich rief aus zwei Ursachen ich
Aus den Gesamten; einmal, weil ich weiß
Ihr rechnet nicht dem Kriegsgott die Räder nach
Am feindzermalmenden Wagen, noch geizt ihm
Das Blut der Söhne im Kampfe, doch ist
Kehrt er geschwächt unters wohlgeschirmete Dach
Viel Rechnen am Markt, daß ihr mir also
Den Blutverlust der Thebe zeitig beibringt
Als übers Übliche nicht gehend. Dann auch, weil
Immer die allzu vergebende Thebe, gerettet
Wieder einmal, herbeieilt, den keuchenden
Heimgekehrten den Schweiß zu trocknen, und nicht
Achtet besonders, ob's Schweiß ist des zornig
Kämpfenden oder nur Angstschweiß, vermischt mit
Staub der Flucht. Drum decke ich
Und ihr sollt's billigen, Eteokles
Der für die Stadt starb, mit bekränztem Grab;
Die Memme Polyneikes aber, ihm
Und mir verwandt und Freund des Argosvolks
Lieg unbegraben, so wie dieses liegt.
Wie dieses war er Feind, war's mir und Thebe.
Und darum will ich, keiner traure auch
Daß unbegraben er gelassen sei, schaubar
Ein Mahl, zerfleischt von Vögeln und von Hunden.
Denn wenn für größer als die Vaterstadt
Das Leben jemand hält, der gilt mir ganz nichts.
Doch wer's gut meint mit meiner Stadt, tot oder
Lebendig, immer sei er gleich von mir geschätzt.
Ich hoff, ihr billigt das.
[...]
Und das bringt mich zu dem: mehr leider braucht's
Gereinigt muß die Stadt sein –

(1947) R

Basiswissen **Close Reading**

Beim Close Reading heben Sie alles Auffällige (Formales, Sprachlich-Stilistisches oder Inhaltliches) durch Unterstreichungen, Bemerkungen am Rand oder Umkreisen von Wörtern optisch hervor.

2 *Lesen Sie den Textauszug erneut mit der Methode des Close Readings unter Berücksichtigung der Aspekte, die in unten stehender Tabelle genannt sind.*

3 *Übertragen Sie Ihre Textmarkierungen in die Tabelle.*

	Brecht: Die Antigone des Sophokles
In welchen Kriegsphasen spielen die Handlungsstränge?	
Schauplätze der Handlungssequenzen	
Charakter Kreons	
Charakter Antigones	
Charakter Ismenes	
Herrschende Atmosphäre	

Basiswissen **Episches Theater**

Bertolt Brecht (1898–1956) ist der Begründer des sogenannten epischen Theaters. Sein Theater wird auch oft „Lehrtheater" genannt. Seine Theaterstücke nannte er nicht Dramen, sondern einfach nur Stücke. Besondere Merkmale des epischen Theaters sind:

- Das Bühnengeschehen erzählt einen Vorgang und will keine Illusion der Wirklichkeit herstellen.
- Der Zuschauer wird zum aktiven Betrachter und soll sich nicht mit der Hauptfigur identifizieren, sondern sie distanziert beobachten.
- Um dies zu erreichen, setzt das epische Theater den Verfremdungseffekt (V-Effekt) ein. Damit verzerrt es Bekanntes oder stört Abläufe so sehr, dass dem Zuschauer eine Identifizierung nicht möglich wird.
- Der Zuschauer darf sich im Verlauf des Stücks nicht zurücklehnen und „berieseln" lassen, sondern soll ein kritischer, rationaler Betrachter sein.
- Empfindungen sollen in Erkenntnisse münden. Der Zuschauer soll durch das Zuschauen zu veränderten Einstellungen gebracht werden.

4 ***Übertragen Sie das gelesene Basiswissen auf die konkreten Textauszüge und bearbeiten Sie die folgenden Fragen auf einem separaten Blatt:***

a) Weshalb hat Brecht das Vorspiel geschrieben?
b) Warum lässt auch Brecht sein Stück in der Antike spielen?
c) Welche Motive Kreons lassen sich erkennen?

5 ***Strukturieren und konzentrieren Sie Ihre erlangten Kenntnisse und übertragen Sie diese in die unten stehende Tabelle, indem Sie Gemeinsamkeiten und Besonderheiten der beiden Dramenauszüge herausarbeiten.***

	Gemeinsamkeiten	Unterschiede	
		Sophokles	Brecht
Thema			
Handlung			
Figuren			
Atmosphäre			
Sprache			
Rolle des Zuschauers			

Den Dramenvergleich schreiben

Fügen Sie die Einzelteile zusammen und schreiben Sie den Aufsatz.

1 *Greifen Sie sich die Hauptpunkte heraus, die Teil Ihres Vergleiches sein sollen. Tragen Sie diese in einen Ideenstern ein. Eine Idee ist bereits ausgeführt.*

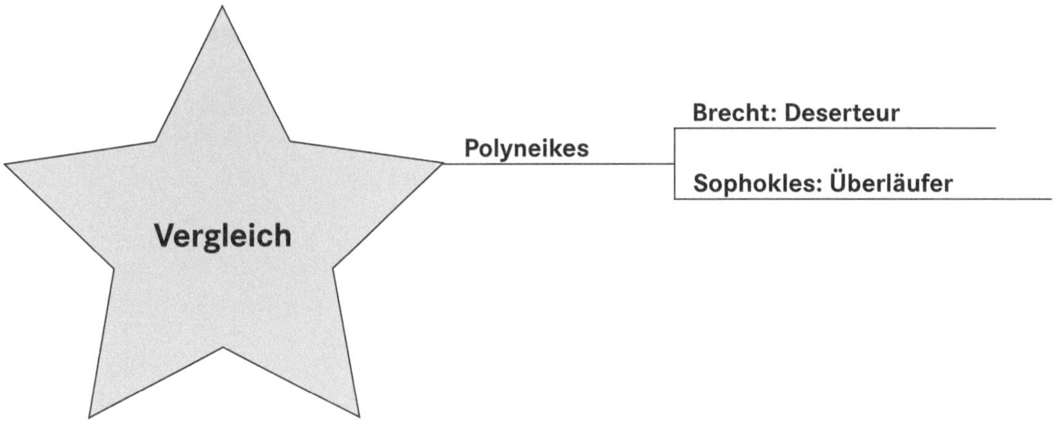

2 *Führen Sie beispielhaft einen Schwerpunkt Ihres Vergleiches aus. Greifen Sie dazu den Aspekt der Figur des Polyneikes heraus. Ergänzen Sie dabei folgenden Lückentext.*

Ein wichtiger Vergleichsaspekt der „Antigone" von Sophokles und der von Brecht ist die Figur des Polyneikes. Während bei Sophokles Polyneikes auf der gegnerischen

____, *kämpft er bei Brecht*

____

____

____

3 *Erörtern Sie, warum Brecht diese Veränderung durchgeführt hat.*

____

____

____

____

4 *Verfassen Sie Ihren Vergleichsteil des Aufsatzes auf einem separaten Blatt.*

Checkliste

Aufbau

- ☐ Ist mein Aufsatz in Einleitung, Hauptteil und Schluss gegliedert?
- ☐ Wird mein Gedankengang auch durch Absätze veranschaulicht?
- ☐ Habe ich sinnvolle Übergänge zwischen Einleitung, Hauptteil und Schluss sowie den beiden Aufgabenteilen gefunden?

Inhalt

- ☐ Enthält meine Einleitung Angaben zu Autor/Autorin, Titel, Textsorte und Thema?
- ☐ Führt meine Einleitung zur Aufgabenstellung hin und ist sie angemessen?
- ☐ Sind meine Interpretationsergebnisse im Hauptteil nachvollziehbar und durch
- ☐ Zitate ausreichend belegt?
- ☐ Habe ich die Aussage des Textes erkannt und formuliert?
- ☐ Habe ich meinen Vergleich anhand von Kernaspekten strukturiert?
- ☐ Sind meine Vergleichsaspekte durch Belege untermauert?
- ☐ Habe ich sowohl inhaltliche als auch formale Vergleiche angestellt?

Schlussteil

- ☐ Rundet mein Schluss den Aufsatz ab?
- ☐ Enthält mein Schluss eine Wertung oder Verbindung zur Einleitung?

Sprachliche Gestaltung und Form

- ☐ Ist die Interpretation im Präsens geschrieben?
- ☐ Ist mein Ausdruck klar, verständlich und angemessen?
- ☐ Habe ich meinen Aufsatz auf häufige Rechtschreibfehler überprüft?
- ☐ Habe ich Wörter nachgeschlagen, bei deren Schreibweise ich unsicher war?
- ☐ Habe ich Flüchtigkeitsfehler gefunden und korrigiert?
- ☐ Habe ich die Regeln der Zeichensetzung beachtet?

Textrevision: Einen Aufsatz überarbeiten

Überarbeiten Sie die fehlerhafte Einleitung, die ein Schüler seiner Analyse der „Antigone" von Sophokles vorangestellt hat. Formulieren Sie anschließend einen neuen Text, der die Grundbestandteile einer Einleitung aufweist: Autor/Autorin des Textes, Titel, Textsorte, Erscheinungsjahr (soweit bekannt), Thema und zentrale Interpretationsthese sowie Überleitung zum Hauptteil.

„Antigone ist ein sehr alter Text. Er erschien bereits 442 vor Christus. Antigone wurde von Sophokles geschrieben. Sie möchte unbedingt ihren Bruder bestatten, auch wenn der neue Herrscher Kreon dagegen ist. Da Antigone gegen das Verbot Kreons handelt, wird sie gefangen genommen und soll zum Tode verurteilt werden. Daher kann ‚Antigone' als Paradebeispiel eines Stückes gesehen werden, in dem sich eine mutige Frau gegen diktatorische Herrscher auflehnt."

Mein persönlicher Lerncheck

Schätzen Sie Ihren Lernstand in Hinblick auf die „Drameninterpretation“ ein. Beziehen Sie auch die Textrevision mit ein. Schreiben Sie die Vorlage zum Lerncheck von der vorderen Umschlagseite dieses Heftes ab und füllen Sie diese aus.

Weiterschreiben

Wenn Sie nach einer weiteren Übungsmöglichkeit für die Aufgabenart suchen, befassen Sie sich mit folgender Aufgabe.

1 ***Ordnen Sie den Auszug aus dem Drama „Antigone" von Sophokles in den Gesamtzusammenhang des Dramas ein.***

2 ***Interpretieren Sie die vorliegende Textstelle unter besonderer Berücksichtigung der Figur Antigones und der Werte, die sie vertritt.***

Sophokles: Antigone (Auszug)

[Ein Wächter hat beobachtet, wie Antigone den Bruder beerdigen wollte. Er nimmt sie gefangen und bringt sie zu Kreon, d. Verf.]

KREON *(zu Antigone)*
Dich frag ich nun, du senkst den Blick zu Boden:
Gestehst du oder leugnest du die Tat?
ANTIGONE
Ich sage, dass ich's tat, und leugne nicht.
KREON *(zum Wächter)*
Du mach dich fort, wohin es dir beliebt,
Von einem schweren Vorwurf bist du frei!
Wächter ab.
Du aber sag mir – ohne Umschweif, kurz:
Hast du gewusst, dass es verboten war?
ANTIGONE
Ich wusst es, allerdings, es war doch klar!
KREON
Und wagtest, mein Gesetz zu übertreten?
ANTIGONE
Der das verkündete war ja nicht Zeus,
Auch Dike in der Totengötter Rat
Gab solch Gesetz den Menschen nie. So groß
Schien dein Befehl mir nicht, der sterbliche,
Dass er die ungeschriebnen Gottgebote,
Die wandellosen, konnte übertreffen.
Sie stammen nicht von heute oder gestern,
Sie leben immer, keiner weiß, seit wann.
An ihnen wollt ich nicht, weil Menschenstolz
Mich schreckte, schuldig werden vor den Göttern.
Und sterben muss ich doch, das wusste ich
Auch ohne deinen Machtspruch. Sterbe ich
Vor meiner Zeit, nenn ich es noch Gewinn.
Wes Leben voller Unheil ist, wie meines,
Trägt der nicht, wenn er stirbt, Gewinn davon?
Drum schmerzt mich nicht, dass sich mein Schicksal nun
Erfüllt. Ja, hätt ich meiner Mutter Sohn,
Den Toten, unbestattet liegen lassen,
Das schmerzte mich, doch dies tut mir nicht weh.
[Mag ich dir nun auch eine Törin scheinen –
Vielleicht zeiht mich der Torheit nur ein Tor.]

(442 v. Chr.)

Gestaltendes Interpretieren von Literatur

Die Aufgabe

- **Analysieren Sie die auf den Seiten 74 – 76 abgedruckte Textstelle aus Sophokles' „Antigone“.**
- **Nachdem Antigone ihre Schwester Ismene verlassen hat, macht sie sich Gedanken über das vergangene Gespräch und ihre eigenen Pläne. Gestalten Sie diesen inneren Monolog. Diese Überlegungen helfen Ihnen, die Aufgabe zu bearbeiten.**

Die Aufgabe verstehen

Alle Hinweise zu den Arbeitstechniken der Analyse von dramatischen Texten – also dem ersten Teil der Aufgabe – finden sich in Kapitel 8. So beziehen sich die folgenden Ausführungen auf die Gestaltung des inneren Monologs.

- die Figur der Antigone Revue passieren lassen und folgende Fragen stellen: In welchem Umfeld ist sie groß geworden? Welche Familiengeschichte hat sie erlebt? Welche Charaktereigenschaften prägen sie? Welche Zukunft erwartet sie? In welcher konkreten historischen Situation befindet sie sich? Welcher Konflikt hat sich für sie ergeben? Wie steht sie zu ihrer Schwester Ismene? Welche Werteinstellungen leiten ihr Handeln?
- den inneren Monolog in Anlehnung an Stil, Atmosphäre und Inhalte des Dramenauszugs abfassen

Das gestaltende Interpretieren vorbereiten

1 *Fassen Sie auf einem separaten Blatt die Ereignisse zusammen, die zu der Szene geführt haben und die für den inneren Monolog wichtig sind.*

2 *Tragen Sie zusammen, was Sie über die Charaktereigenschaften Antigones wissen. Wenn Sie bereits die Aufgaben in Kapitel 8 bearbeitet haben, können Sie hiervon Ihre Ergebnisse selektiv für die Aufgabe übernehmen.*

Antigones Charakter	
Charakterzug	Beleg/Begründung

3 *Notieren Sie auf einem separaten Blatt in Stich- bzw. Schlagworten, welche Gedanken und Gefühle Antigone in ihrem inneren Monolog durch den Kopf gehen werden.*

Den gestaltenden Interpretationsaufsatz schreiben

Die einzelnen Bestandteile zusammenfügen

Bevor Sie Ihren Aufsatz anfertigen, sollten Sie einen Schreibplan erstellen, der die wichtigsten Gliederungspunkte Ihres Aufsatzes enthält.

1 *Notieren Sie die Textstellen, die inhaltlich unbedingt im Monolog vorkommen sollten.*

Äußerungen Antigones	Äußerungen Ismenes

2 *Sammeln Sie Ideen für den inneren Monolog, der sich aus den oben gesammelten Äußerungen ergibt. Formulieren Sie diese Ideen so, wie Antigone sie sagen beziehungsweise denken würde.*

3 *Gestalten Sie die Struktur Ihres Monologs, indem Sie die einzelnen Schritte in ihrer logischen Abfolge skizzieren. So können Sie vermeiden, dass Ihr Monolog gedankliche oder inhaltliche Brüche enthält.*

1. ______

2. ______

... ______

... ______

... ______

Basiswissen **Gestaltendes Interpretieren**

Diese Aufsatzform zeichnet sich dadurch aus, dass Sie produktiv tätig werden können. Sie interpretieren einen Ausgangstext oder die darin auftretenden Figuren dadurch, dass Sie ergänzende Passagen schreiben. Dabei ist es wichtig, dass Sie sowohl den Stil der Vorlage aufgreifen als auch das Wissen, das Sie über den Text haben. Die eigene Kreativität sollte sich dabei nah an der Vorlage bewegen. Außergewöhnliche Ideen sollten in Harmonie zum Ausgangstext stehen und dürfen dem weiteren Verlauf, so wie ihn der Dichter vorgesehen hat, keine neue Wendung geben.

4 *Schreiben Sie Ihren Aufsatz, indem Sie zunächst die Analyse der Textstelle anfertigen – also Teilaufgabe 1 erfüllen. (Für eine genauere Anleitung schlagen Sie bitte im Kapitel 8 nach.)*

5 *Erfüllen Sie nun Teil 2 der Gesamtaufgabe. Schreiben Sie den zweiten Text, den inneren Monolog, auf ein gesondertes Blatt. Greifen Sie dazu auf ihre Vorarbeiten zurück.*

6 *Überprüfen und überarbeiten Sie Ihre beiden Texte anhand der Checklisten. Die Checkliste für den Interpretationsaufsatz können Sie Kapitel 8 entnehmen. Den inneren Monolog überprüfen Sie bitte mit folgender Liste:*

Checkliste

Aufbau

- ☐ Habe ich die Gedankenführung in eine logische Abfolge gebracht?
- ☐ Habe ich einen gelungenen Einstieg und einen pointierten Schluss gefunden?

Inhaltliche Orientierung am Original

- ☐ Ist die Gedankenführung am Textauszug orientiert und ist nicht abgeschweift?
- ☐ Habe ich wichtige inhaltliche Aspekte des analysierten Textes aufgegriffen?
- ☐ Habe ich sonstiges Vorwissen zu Personen und/oder Geschehnissen verwendet?
- ☐ Sind die Figuren in ihren Charakteren getroffen?
- ☐ Gibt mein Monolog vertiefende Einblicke in das Denken und Fühlen der Figuren?
- ☐ Entspricht die Atmosphäre meines Textes der des Ausgangstextes?

Stil

- ☐ Greife ich den Sprachstil des Originals auf?
- ☐ Habe ich die Textsorte des Ausgangstextes weiterverfolgt?
- ☐ Spiegeln meine Formulierungen die Haltungen und Einstellungen der Figur wider?

Sprachliche Gestaltung und Form

- ☐ Ist mein Ausdruck klar, verständlich und angemessen?
- ☐ Habe ich meinen Aufsatz auf häufige Rechtschreibfehler überprüft?
- ☐ Habe ich Wörter nachgeschlagen, bei deren Schreibweise ich unsicher war?
- ☐ Habe ich Flüchtigkeitsfehler gefunden und korrigiert?
- ☐ Habe ich die Regeln der Zeichensetzung beachtet?

Textrevision: Einen Aufsatz überarbeiten

Bei den folgenden Sätzen haben die Schüler den Stil nicht richtig getroffen. Formulieren Sie die Sätze um.

„Ich bin total enttäuscht von Ismene." – „Traute Schwester, wie wurdest du mir so fremd." – „Das hätte ich nie gedacht, dass die so feige ist." – „Dann ziehe ich das eben alleine durch, ich brauche keinen."

Mein persönlicher Lerncheck

Schätzen Sie Ihren Lernstand in Hinblick auf das „Gestaltende Interpretieren" ein. Beziehen Sie auch die Textrevision mit ein. Schreiben Sie die Vorlage zum Lerncheck von der vorderen Umschlagseite dieses Heftes ab und füllen Sie diese aus.

Weiterschreiben

Wenn Sie nach einer weiteren Übungsmöglichkeit für die Aufgabenart suchen, befassen Sie sich mit folgender Aufgabe.

1 ***Sophokles hat in seiner „Antigone" keine Szene ausgearbeitet, in der er den Zuschauern vor Augen führt, wie Antigone den toten Bruder mit Staub bedeckt und dabei von den Wächtern überführt wird. Der folgende Dramenauszug weist auf dieses Vorgeschehen hin. Formulieren Sie diese Szene aus.***

Sophokles: Antigone (Auszug)

[Zum Vorgeschehen: Ein Wächter hatte Kreon mitgeteilt, dass ein Unbekannter den toten Polyneikes mit einer Hülle aus Staub bedeckt hatte. Daraufhin hatten die Wächter den Staub wieder entfernt und sich auf die Lauer gelegt, um den Täter in flagranti zu ertappen, d.Verf.]

WÄCHTER Das ist die Täterin! Die griffen wir,
Als sie bestattete – doch wo ist Kreon?
Kreon kommt heraus.
CHOR Da tritt er aus dem Hause, wie gerufen.
KREON Was gibt's? Wozu erschien ich eben recht?
WÄCHTER [...]
Den Fund hab ich gemacht und keiner sonst.
So nimm sie, Herr, verhör sie nach Belieben

Und überführe sie! Ich aber darf
Mich frei und ledig fühlen aller Schuld.
KREON Wobei hast du sie erwischt, und wie?
WÄCHTER Sie war's, die ihn begrub. Nun weißt du alles.
(442 v. Chr.)

Zitieren, Bibliografieren und Operatoren

Zitieren

Zitieren kann man auf zweierlei Art, entweder durch die wörtliche Übernahme eines Zitates oder durch dessen Paraphrase (sinngemäße Wiedergabe mit eigenen Worten). Beim wissenschaftlichen Arbeiten, z. B. bei Textanalysen und -interpretationen, Facharbeiten oder Referaten, muss jede direkte und indirekte Übernahme fremden geistigen Eigentums eindeutig als solche gekennzeichnet werden.

Basiswissen — Zitierregeln I

- Anfang und Ende eines Zitates kennzeichnen in Anführungszeichen: „…“.
  „Er schaute mich an. Ich hätte gerne gewusst, wie er darüber dachte, aber sein Gesichtsausdruck war unergründlich. Wie sollte ich jetzt entscheiden?“
- Direkte Rede oder Zitate im zitierten Text werden mit halben Anführungszeichen gekennzeichnet: ‚…‘.
  „Auf dem Gang kam ihm der Arzt aus dem Zimmer der Mutter entgegen. ‚Sie schläft jetzt‘, sagte er.“
- Wenn man einen zusammenhängenden Text nicht vollständig zitiert, müssen die Auslassungen mit rechteckigen Klammern und drei Auslassungspunkten gekennzeichnet werden: *[…]*.
  „‚Das glaubst du doch selbst nicht‘, sagte sie, […] und trank ihren Kaffee aus.“

1 *Wandeln Sie das erste Zitat im Basiswissen dahingehend um, dass Sie*

a) einen Teil des Satzes weglassen.

____

b) eine von Ihnen formulierte direkte Rede einfügen.

____

Basiswissen — Zitierregeln II

- Wenn zum besseren Verständnis einer Textstelle Erläuterungen eingefügt werden müssen, werden sie wie folgt kenntlich gemacht: *[Erläuterung, d. Verf.]* Dabei steht das Kürzel *„d. Verf.“* für *„der Verfasser“. (der Verf. = der Verfasser)*
  „Er [der Chef, d. Verf.] war schon fort.“
- Längere Textpassagen können auch in Form von indirekter Rede zitiert bzw. referiert werden. Orginalzitat: *„Was sich hier anbietet, das ist Leben, das sind Zusätze zu meinem eigenen Leben, die darauf warten, in Gebrauch genommen zu werden.“ (Skjonsberg 2007, S. 190)* → Paraphrase: *Nils sagte, was er dort angeboten bekomme, das sei Leben, das seien Zusätze zu seinem eigenen Leben, die darauf warteten, in Gebrauch genommen zu werden.*

Tipp
Zitate müssen auch bei orthografischen Besonderheiten oder merkwürdiger Interpunktion originalgetreu übernommen werden.

2 *Zitieren Sie den folgenden Textauszug sinngemäß. Verwenden Sie ein gesondertes Blatt.*

Er war mein Sohn, mein einziger. Ich begreife es nicht. Sie gehen durchs Haus und flüstern viel, seine Mutter und seine Schwester. Wenn ich heimkomme, verstummen sie. […]

[…] Edi war mein Junge, viel zu ernst sogar für sein Alter, und er war es von Kind an, ich habe ihn nur selten lachen gesehen, denn, obwohl es schien, als flatterte er jedem Winde nach, war er doch jedes Mal mit einem Ernst am Werk, der mich besorgt und ihn besessen machte. […]

Tipp
Bei sinngemäßen Zitaten darf der Sinn der zitierten Ausführungen nicht entstellt werden. Beim sinngemäßen Zitieren wird die Abkürzung „vgl. S. X“ hinter die Paraphrase gesetzt.

3 ***Ein Schüler hat aus der Kurzgeschichte „Unser Eduard“ (S. 54 – 57) in seiner Textinterpretation die o. a. Textstellen zitiert und paraphrasiert. Dabei sind ihm einige Fehler unterlaufen. Korrigieren Sie diese auf einem gesonderten Blatt.***

Schülerzitat: „Er (Eduard) war mein Sohn, mein einziger. Ich [der Vater] begreife es nicht. Sie gehen durchs Haus und flüstern viel, seine Mutter und seine Schwester. Wenn ich heimkomme, verstummen sie (Mutter und Tochter). […]“

Schülerparaphrase: Die Mutter meint, dass Edi ein ernster Junge gewesen sei, viel zu ernst sogar für sein Alter, und er war es von Kind an, sie habe ihn nur selten lachen gesehen, denn, obwohl es schien, als flattere er jedem Winde nach, war er doch jedes Mal mit einem Ernst am Werk, der ihr Sorgen bereitete.

Basiswissen | **Kennzeichnung von Zitaten**

- Es gibt zwei Möglichkeiten, Zitate zu kennzeichnen. Im ersten Fall schließt man den Verweis auf das Zitat in Klammern an das Zitat an: *(Friedrich 2011, S. 16).*
  Im zweiten Fall platziert man diese Information in einer Fußnote.
- Wenn im eigenen Text auf einer Seite mehr als einmal auf den gleichen Titel verwiesen wird, können statt einer erneuten Nennung des Titels die Hinweise: *„vgl. ebd.“* (ebd. = ebenda) oder *„vgl. a. a. O.“* (am angeführten Ort) verwendet werden. Für längere Textstellen kann man statt *S. 15 – 19* auch *S. 15 ff.* (folgende Seiten) angeben. Folgt nur eine Seite (S. 15 – 16), schreibt man: *S. 15 f.*
- In einer Textanalyse oder -interpretation genügt in der Regel bei mehrseitigen Texten die genaue Angabe der Seite: z. B. *(S. 4).*
- Bei Gedichten gibt man die Strophe und die Verszeile an: z. B. *(V. 3, 7).*
- Bei Texten mit einer Seite Umfang verweist man nur auf die Zeile: z. B. *(Z. 24).*
- Bei dramatischen Texten fügt man außer der Seiten- und/oder Versangabe auch eine Angabe zum Akt und zur Szene an. Diese Angaben werden im Anschluss an das Zitat in Klammern gemacht: z. B. *(vgl. II. Akt, 2. Sz., S. 98, V. 12).*
- Für Zitate aus dem Internet gelten dieselben Regeln wie für Zitate aus den Printmedien, es entfällt lediglich die Seitenangabe und der Abruf wird ergänzt (Datum, evtl. Uhrzeit): Schulz 2011 [14.12.2011, 15:32 Uhr].

Tipp
Bei Zitaten aus dem Internet muss man besonders auf die Seriosität der Quellen achten. Viele Prüfer akzeptieren keine Zitate oder Informationen aus Online-Datenbanken, wie z. B. „wikipedia“.

Bibliografieren

Eine Bibliografie ist ein Verzeichnis von Büchern und Schriften, die für das Verfassen eines Referates oder einer Facharbeit benutzt wurden.

Basiswissen 1 — Bibliografie

Grundlegend unterscheidet man zwischen Primär- und Sekundärliteratur.

- Primärliteratur ist die Original-Quelle, mit der man arbeitet, z.B. ein Roman oder Drama: *Sophokles: Antigone. Stuttgart: Reclam 1995, S. 19 f.*
- Sekundärliteratur sind Aussagen von Experten über die Original-Quelle (z.B. Lektürehilfen): *Feuchert, S. u. Hofmann, L.: Lektüreschlüssel zu Schlink: Der Vorleser. Stuttgart: Reclam 2005*
- Die verwendete Literatur wird alphabetisch nach dem Nachnamen der Autoren sortiert. Werden mehrere Werke des gleichen Autors benutzt, nimmt man zusätzlich eine chronologische Ordnung (2010, 2011 etc.) vor. Werke eines Autors des gleichen Jahrgangs kennzeichnet man mit a, b, ...
  Alt, Peter-André: Schiller. Leben – Werk – Zeit, 2 Bde. München: Beck 2004 (a), 2. Auflage
  Alt, Peter-André: Friedrich Schiller. München: Beck 2004 (b)
  Andersch, Alfred: Der Vater eines Mörders. Zürich: Diogenes 1980
  Münkler, Herfried: Die Grenzen der Moral, in: Der Spiegel, 6/2011, S. 42 f.
- Es kann Literatur auch nach dem amerikanischen System (APA-Style) bibliografiert werden:
  Andersch, A. (1980). Der Vater eines Mörders. Zürich: Diogenes.
  Münkler, H. (2011). Die Grenzen der Moral. Der Spiegel, 6/2011, 42 – 43

Tipp
Durch den Vergleich des in der Bibliografie angegebenen Originaltextes mit den zitierten Auszügen können Sie als Leser überprüfen, ob ein Zitat aus dem Zusammenhang gerissen wurde oder durch Auslassungen einen anderen Sinn bekommen hat. Weiterhin können Sie jede direkte und indirekte Übernahme fremden geistigen Eigentums eindeutig als solche erkennen.

1 *Sie haben Informationen der S. 91 zitiert. Fertigen Sie eine Literaturangabe für Ihr Literaturverzeichnis an. Verwenden Sie beide Formen des Zitierens.*

2 *Untersuchen Sie mithilfe des Textquellenverzeichnisses dieses Heftes (S. 96), wie Artikel in Zeitungen bibliografiert werden. Wählen Sie dann einen Artikel Ihrer Tageszeitung aus und bibliografieren Sie ihn entsprechend.*

Auf Bildquellen verweisen

Basiswissen 2 — Verzeichnis von Abbildungen

Bei aufwändigen Arbeiten, die auch Bilder und Grafiken enthalten, ist es sinnvoll, ein separates Abbildungsverzeichnis anzulegen. Zur besseren Auffindbarkeit gibt man hier die Quellen nicht alphabetisch, sondern nach den fortlaufenden Seitenzahlen an.
S. 30: Interfoto München; S. 45: Ullstein Bild GmbH; S. 63: Neue Westfälische, Bielefeld

Auf Internetquellen verweisen

Bei der Recherche im Internet muss man darauf achten, ob der Veröffentlichende auch der Verfasser ist und ob die verwendeten Quellen seriös sind.

Basiswissen 3 | **Internetquellen in einer Bibliografie**

Wenn der Verfasser zweifelsfrei feststeht, kann die Angabe alphabetisch eingeordnet werden. Ist dies nicht der Fall oder sind mehrere Internetquellen anzugeben, kann es sinnvoll sein, auch hierfür ein separates Verzeichnis anzulegen. Zusätzliche Angaben für Zitate aus dem Internet: Name des Autors/Herausgebers (wenn vorhanden) und/oder der Dateititel (wenn vorhanden), Erscheinungsjahr des zitierten Textes (wenn vorhanden), Angabe der vollständigen Webadresse (URL) und des Downloaddatums (manche Prüfer verlangen auch die Uhrzeit des Abrufs).

Aktives Zuhören. Die Kunst des Zuhörens. http://www.soft-skills.com/glossar/aktiveszuhoeren.php [14.12.2011, 15.32 Uhr]

16. Shell Jugendstudie 2010. http://www.shell.de/home/content/deu/aboutshell/our_commitment/shell_youth_study/ [13.10.2011]

Revision: Ein Literaturverzeichnis überarbeiten

In diesem Literaturverzeichnis ist einiges falsch. Korrigieren Sie die vorhandenen Fehler unter Zuhilfenahme der Basiswissen-Kästen 1 – 3.

Literaturverzeichnis

Heller, Eva: Wie Werbung wirkt: Theorie und Tatsachen/ Fischer Taschenbuch Verlag, S. 107 f, Frankfurt a. M. 1996.

Hahn, Ulla (2007): Unscharfe Bilder, dtv, München, 3. Auflage, S. 30

Das Deutschbuch für das Berufliche Gymnasium und das Fachgymnasium. Arbeitsheft zur Prüfungsvorbereitung. Schulz-Hamann, M. (Hrsg.): Cornelsen, Berlin 2011, 1. Auflage

Treiber, Jutta: RAZ COM. In: http://www.juttatreiber.com/buecher/textproben.htm, Abruf 14.12.2011

Literaturverzeichnis

Operatoren

Aufgabenstellungen enthalten immer konkrete Arbeitsanweisungen, sogenannte Operatoren. Sie drücken aus, was Sie tun sollen und welche Kompetenzen von Ihnen gefordert werden.

Basiswissen **Operatoren**

Mit der Aufgabenstellung durch Operatoren ist eine konkrete Vorgehensweise verbunden, das heißt, Sie sollten sich zunächst bewusst machen, was genau von Ihnen verlangt wird.
Der Anforderungsgrad bei den einzelnen Operatoren differiert und wird dementsprechend auch bei der Bewertung Ihrer Arbeit unterschiedlich gewichtet.
Die Arbeitsanweisung „Fassen Sie den Inhalt zusammen“ ist beispielsweise vom Anforderungslevel niedriger einzustufen als der Arbeitsauftrag „Erörtern Sie den Sachverhalt“.
Daher sollten Sie sich der Bedeutung der Operatoren bewusst sein und dies auch in die Planung Ihrer Ausarbeitung mit einbeziehen.

Operatoren lassen sich in drei verschiedene Anforderungsbereiche einordnen.
Im Folgenden finden Sie eine Auflistung der gebräuchlichsten:

Anforderungsbereich I

beschreiben	Textaussagen, Sachverhalte ohne Wertung benennen
darstellen	Ergebnisse formulieren
zusammenfassen/wiedergeben	Den Inhalt eines Textes und seine Aussage strukturiert auf das Wesentliche reduzieren und in eigenen Worten formulieren

Anforderungsbereich II

analysieren/untersuchen	Texte nach bestimmten Kriterien erarbeiten
einordnen/in Bezug setzen zu ...	Themen, Texte in einen Kontext stellen
erläutern	Sachverhalte darstellen und durch Hinzufügen von Beispielen oder zusätzlichen Informationen erklären
erschließen	Sinn oder Problematik eines Textes erarbeiten
vergleichen	Textaussagen, Problemstellungen gegenüberstellen und Unterschiede oder Übereinstimmungen formulieren

Anforderungsbereich III

begründen	Zusammenhänge/Beweggründe herleiten
beurteilen/bewerten	Ein selbstständiges Urteil formulieren
erörtern/(kritisch) Stellung nehmen	Einen Sachverhalt von verschiedenen Seiten betrachten, diskutieren und bewerten
gestalten/verfassen	Unter Beachtung von Vorgaben etwas anfertigen
interpretieren	Sinnzusammenhänge auf der Basis einer umfassenden Analyse deuten
reflektieren	Sachverhalte überprüfen und eine Aussage entwickeln
überprüfen/prüfen	Einen Sachverhalt, eine Textaussage untersuchen und zu einem Ergebnis kommen

1 ***Setzen Sie sich mit den folgenden Operatoren auseinander.***

a) Ordnen Sie den Bedeutungen in der folgenden Tabelle diese Operatoren zu:

zusammenfassen – auswerten – entwerfen – gestaltend interpretieren

b) Notieren Sie, in welchen der drei Anforderungsbereiche jeder dieser Operatoren jeweils passt.

Operator	Bedeutung	Anforderungsbereich
	Eine produktive Idee in Umrissen darlegen	
	Die Besonderheiten einer Textvorlage erfassen und in der eigenen Textproduktion berücksichtigen	
	Wesentliche Aussagen mit eigenen Worten komprimiert und strukturiert wiedergeben	
	Wesentliche Ergebnisse zu einer Gesamtaussage zusammenführen	

Basiswissen **Einordnung in Anforderungsbereiche**

Prinzipiell kann man sagen, dass der Schwierigkeitsgrad innerhalb einer Aufgabenstellung steigt.
Zum Beispiel: Fassen Sie ... zusammen → Setzen Sie sich auseinander mit ... → Erörtern Sie über den Text hinaus ...

Textquellen: S. 4: dpa: *Urgroßmütter holen Schulabschluss nach.* Rhein-Neckar-Zeitung, 20./21.06.2009; **S. 6 – 8:** Urs Widmer: *Top Dogs.* Frankfurt: Verlag der Autoren, 2010, 17. Aufl., S. 10 ff.; **S. 14 – 15:** Hans Fallada: *Kleiner Mann – was nun?* Reinbek: Rowohlt, 1957, S. 98 f.; **S. 16 – 17:** Susanne Offenbach: *Neue Analphabeten.* Aus: Sonntag Aktuell, 26.04.2009; **S. 24 – 25:** Hermann Gröhe: *Betonieren „Tafelbewegung" und Suppenküchen die Armut in Deutschland, wie ein Soziologe behauptet? Ein Widerspruch.* Aus: Chrismon 04/2009; **S. 26 – 27:** Heike Kottmann: *Deine Stimme zählt – nicht!* Aus: NEON, September 2010; **S. 29:** Leserbrief von 1view. Gepostet unter: www.neon.de/kat/318877.html [27.05.2011]); **S. 31:** 16. Shell Jugendstudie 2011. www.shell.de/home/content/deu/aboutshell/our_commitment/shell_youth_study/ [13.10.2011]; **S. 34 – 35:** Alexandra Borchardt. *Der Energie-Zickzack.* Aus: Süddeutsche Zeitung, 19.4.2011; **S. 36 – 37:** Harald Martenstein: *„Es ist so unberechenbar wie ‚Germanys next Topmodel'".* Aus: ZEIT-Magazin Nr. 18, 28.04.2011. ZEIT ONLINE (http://www.zeit.de/2011/18/Martenstein [1.10.2011]) **S. 42 – 43:** Harald Martenstein: *Endlich können Schüler Musik hören, statt im Unterricht mitzuschreiben.* Aus: ZEIT-Magazin Nr. 40, 30.09.2010, S. 8; **S. 45:** Georg. M. Oswald, *Recht gefühlsecht.* Aus: Betrifft, edition suhrkamp, Frankfurt a. M., 2004, S. 64 f.; **S. 52:** Johannes Schneider: *Generationenkonflikt im Hörsaal.* Aus: www.zeit.de/wissen/2011-07/studium-senioren [Abruf: 5.10.2011] **S. 53:** Lucy Kellaway: *Die Facebook-Kluft.* Aus: www.stern.de/digital/online/generationenkonflikt-die-facebook-kluft-1553907.html [Abruf: 29.09.2011]; **S. 54 – 57:** Schallück, Paul: *Unser Eduard.* Aus: Deutsche Erzähler der Gegenwart. Eine Anthologie. Hg. von Willi Fehse. Stuttgart: Reclam, 1959, S. 273 ff.; **S. 65:** Spinnen, Burkhard: *Ente Orange.* Aus: B. S., Der Reservetorwart, Geschichten. Frankfurt a. M.: Schöffling, 2004, S. 178 f.; **S. 66:** Kaléko, Mascha. *Das graue Haar.* Aus: M. K., Verse für Zeitgenossen. Reinbek: Rowohlt Taschenbuch, 2008, S. 36 f.; **S. 68:** Opitz, Martin. *Einer Jungfrawen Klage vber nahendes Alter.* Aus: Gedichte und Interpretationen: Renaissance und Barock. Stuttgart: Reclam, 2001; **S. 73:** Domin, Hilde: *Unaufhaltsam.* Aus: H.D., *Rückkehr der Schiffe. Gedichte.* Frankfurt a. M.: S. Fischer, 1962, Neudruck 1994, Neuauflage 2003; **S. 74 – 76:** Sophokles: *Antigone.* Stuttgart: Reclam, 1995, S. 5 – 12; **S. 79 – 80:** Brecht, Bertolt. *Brechts Antigone des Sophokles.* Herausgegeben von Werner Hecht. Frankfurt am Main: Suhrkamp Taschenbuch Verlag, 1988, 1. Auflage, S. 58 – 66, 68 – 74 und 78 – 80; **S. 85:** Sophokles: *Antigone.* Stuttgart: Reclam, 1995, S. 22 f.; **S. 89:** Sophokles: *Antigone.* Stuttgart: Reclam, 1995, S. 19 f.

Bildquellen: Titelfoto: veer RF; **S. 5:** Shutterstock/coka ; **S. 7:** picture alliance; **S. 15:** akg-images; **S. 17:** picture alliance/Peter Steffen; **S. 20:** AKG/Eulenblau; **S. 25:** picture alliance/Peter Steffen; **S. 27:** picture alliance/Maurizio Gambarini; **S. 31:** Shutterstock.com/Dariusz Urbanczyk; **S. 35:** picture alliance/dieKleinert.de/Bernhard Förth; **S. 37:** picture alliance/dpa-Zentralbild/Karlheinz Schindler; **S. 44:** picture alliance/dpa-infografik; **S. 53:** picture alliance/dpa-infografik; **S. 54:** iStockphoto/Brigitte Friedrich; **S. 56:** akg-images; **S. 65:** picture alliance/Erwin Elsner; **S. 66:** ullstein bild; **S. 68:** gemeinfrei; **S. 73:** picture alliance/Roland Wittek; **S. 74:** akg-images; **S. 79:** picture alliance/Horst Sturm; **S. 89:** picture alliance/Christian Fürst

Illustrationen: S. 46: www.toonpool.com/Marcus; **S. 59:** www wordle.net

Lösungen: Prüfungstraining

Kapitel 1 · Kommunikation: Dialoganalyse

Seite 9

Aufgabe 1

Dialogpartner: Frau Wrage, Vertreterin einer Gesellschaft zur Vermittlung arbeitloser Führungskräfte, und Herr Deér, ihr Klient. Beobachter: andere arbeitslose Manager. Wrage stellt die Organisation vor, beschreibt das Procedere bei der Stellensuche. Deér will seine Entlassung nicht wahrhaben, verweigert die Einsicht in die Konsequenzen. Während Wrage den Blick in die Zukunft richtet, verschanzt Deér sich gedanklich in seiner Vergangenheit.

Aufgabe 2

Der Dialog enthält zwei thematisch unterschiedliche Passagen: 1. Teil: Erfahrungsaustausch zweier Führungskräfte (Z. 1 - 112). 2. Teil (Z. 113 - 207): Der Fall Deér.

Aufgabe 3

Frau Wrage: Vertreterin einer Auffanggesellschaft für arbeitslose Spitzenmanager; Herr Deér: entlassener Top-Manager. Wrage erläutert das Procedere der Arbeitsplatzsuche. Deér sieht den Grund für das Gespräch in der Anbahnung einer Kooperation zwischen den beiden Unternehmen.

Aufgabe 4

a) Wrage: möchte das Procedere des „Outplacements“ routinemäßig abwickeln;
b) Deér: möchte lediglich über die Kooperation zweier Unternehmen kommunizieren. Er hat die Tatsache seiner Entlassung ausgeblendet.

Aufgabe 5

Über weite Passagen halten die Personen inhaltlich einen Monolog, auf Beiträge des Gegenübers gehen sie nicht ein.

Analyse der sprachlichen Form

Aufgabe 1 a – c

<u>**Wrage**</u> benutzt passend zur Präsentation des Unternehmens mehrheitlich die Sprache der Geschäftswelt.
Wortwahl: Fachsprache („Nischenprodukt“, Z. 5; Anglizismen („Low-Salary-Bereich“, Z. 36), und Fremdwörter („Chapeau“, Z.63) zur Selbstinszenierung; Euphemismen zur Verschleierung: „Karrierefortsetzung“, (Z. 198)
Satzbau: Kurze Parataxen („Aber eigentlich schüttelt es jeden.“, Z. 63 f.) und überschaubare Hypotaxen („Wir stellen unsern Klienten ... gewöhnt sind.“, Z. 104 ff.) spiegeln den Effizienzgedanken der Wirtschaft. Satzfragmente (Ellipsen), („Verzweifelt! Mit der Lupe oft!“, Z. 183 ff.) passend zum Motto: Zeit ist Geld. Wiederholungen verstärken: („Sie sind entlassen worden! Herr Deér! Entlassen!“, Z. 126 f.). Wechsel zu emotionaler Sprache („Kopf hoch“, Z. 140); und Therapeutensprache („Jetzt müssen wir das Vertrauen entwickeln ...“, Z. 195 ff.).

<u>**Deér**</u> benutzt ähnliche geschäftssprachliche Elemente, allerdings mit einer anderen Intention.
Wortwahl: Fachsprache („Destinationen“, Z. 193) zur Darstellung von Sachverhalten; verräterisch ist das Fehlen des Pronomens „ich“ („Musste ja selber Mitarbeiter entlassen.“, Z. 52 f.) und die Flucht in das kollektive „Wir“ (Z. 15), womit Déer seine persönliche Verantwortung verschleiert. Anglizismen („Workaholic“, Z. 94) wie bei Wrage; Kriegsmetaphorik („Lead, follow or get out of the way“, Z. 100 f.; „an der Front“, Z. 95 f.) zum Beweis seiner Kampfesstärke. Phrasen („muss Tag und Nacht am Ball sein.“, Z. 99 f.); Anredeform vertraulich, belehrend; Fehleinschätzung der Beziehung: symmetrisch statt komplementär („Ich will Ihnen mal was sagen, liebe Frau Wrage.“, Z. 144 f.).
Satzbau: Kurze Parataxen („Denen da geb ich keine Chance.“, Z. 79 f.) und überschaubare Hypotaxen („Ich soll in Erfahrung bringen, inwieweit ...“, Z. 118 ff.); Kurzatmige Satzfragmente („Ist bei mir nicht drin, Ferien ...“, Z. 92 ff.); Kasernenhofstil, „überflüssige“ Satzteile fehlen („Sagte ich Ihnen.“, Z. 118). Wie bei Wrage spiegelt die Syntax ökonomische Effizienz und Schnelligkeit. Deér wechselt ins Umgangssprachliche, wenn er über die arbeitslosen Manager spricht, zur Artikulation seiner Verachtung. Mit der beschwörenden Schilderung seiner Verbundenheit mit der Firma will er die Einsicht in seine Situation verdrängen: Wiederholungen von „Swissair“, betonende Anapher („Wir sind eine Familie. Wir gehören alle zusammen ... wir sind ...“, Z. 166 ff.).

Seite 10

Aufgabe 1 a) b)

Regieanweisung/Signal	Sender/-innen	Befindlichkeit
Kleine Heiterkeit, Z. 26	alle Anwesenden	die arbeitslosen Manager reagieren unterwürfig
Deér versteht „wie ihnen“, das heißt wie mit denen da, nickt anteilnehmend, Z. 44 ff.	Deér	blendet seine Situation aus, distanziert sich

Regieanweisung/Signal	Sender/-innen	Befindlichkeit
Pause, Z. 64	Wrage	erwartet Reaktion Deérs
vertraulich, Z. 79	Deér	empfundene Gleichrangigkeit
Heiterkeit, Z. 91	alle Anwesenden	die geschilderten Chancen auf Vermittlung lösen die angespannte Stimmung
Lacht, Z. 101	Deér	fühlt sich nicht betroffen
Schweigen, 2 x in Z. 113f.	Deér	ist sprachlos und von der Situation überfordert

Seite 11

Aufgabe 2
Wrage und Deér wollen beide den Anschein erwecken, als kommunizierten sie ausschließlich auf der Inhaltsebene. Auf der Beziehungsebene läuft allerdings parallel dazu ein strategisches Spiel ab, indem beide eine Selbstinszenierung vornehmen, mit der sie dem Gegenüber - und sich selbst - ihre Kompetenz und ihren Status beweisen wollen.

Aufgabe 3
Es handelt sich um eine komplementäre Kommunikationssituation. Wrage soll Deér im Vermittlungsprozess Weisungen erteilen, höherrangige Primärposition. Die Rollen sind für diese Kommunikationssituation nicht austauschbar. Diese Konstellation spiegelt sich nicht in der Länge der Redebeiträge: Entgegen der Regel hat Wrage keine längeren Beiträge, stellenweise sind die Deérs sogar länger. Ursache: Deér verdrängt seine Entlassung, empfindet die Kommunikationssituation subjektiv als symmetrisch.

Aufgabe 4
Deér hätte seine neue Rolle akzeptieren müssen. Damit wäre ihm klar geworden, dass er sich in der untergeordneten Sekundärposition befindet, er hätte adäquat kommunizieren können.

Seite 12

Aufgabe 1
Arbeitslosigkeit, die Angst davor und der Umgang mit dem Verlust des Arbeitsplatzes sind Probleme, die mittlerweile alle sozialen Schichten tangieren. Beschäftigungsformen in Vollzeit mit langjähriger Zugehörigkeit zu einem Unternehmen sind nicht mehr die Regel. Gebrochene Erwerbsbiografien stellen hohe Anforderungen an die Betroffenen.

Aufgabe 2
Strukturelle Arbeitslosigkeit auch in westlichen Wohlstandsgesellschaften. Ursachen z. B.: zunehmende Konkurrenz im Zuge der Globalisierung, Verlagerung von Dienstleistungen und Produktion in Länder mit niedrigen Steuersätzen und breitem Niedriglohnsektor.

Aufgabe 3
Widmer zeigt „Turbokapitalismus“ und dessen Mechanismen: schnellere, effizientere Produktion, höhere Rendite, mehr Entlassungen. Er hinterfragt gültige ökonomische Prinzipien.

Aufgabe 4
Seit 1997 hat sich die von Widmer geschilderte Situation verschärft. Beispiel: Firmen werden durch Aktienkäufe auch gegen ihren Willen von anderen Unternehmen übernommen (deutsches Bauunternehmen Hochtief: 2011 Übernahme durch den spanischen Konzern ACS). Krise des Euro durch zu hohe Verschuldung einzelner Mitgliedsstaaten. Diese Entwicklungen rufen bei Arbeitnehmern Ängste um ihren Arbeitsplatz hervor.

Aufgabe 5
Rezeption bis heute positiv; 1997 erhält Widmer für dieses Stück den 3-Sat-Innovationspreis, den Mülheimer Dramatikerpreis und weitere Auszeichnungen.

Seite 13

Aufgabe 1
Muster:
Der vorliegende Dialog ist ein Auszug aus dem Theaterstück „Top Dogs“ des 1938 geborenen Schweizer Schriftstellers Urs Widmer. Er schrieb es in Zusammenarbeit mit dem Theater am Neumarkt in Zürich, wo es 1996 uraufgeführt wurde. 1997 erschien die erste Druckversion.
Im Mittelpunkt der ersten Szene stehen Frau Wrage als Coach und der arbeitslose Herr Deér als Klient. Wrage möchte Deér die Abläufe bei der Suche nach einem neuen Arbeitsplatz erläutern und fordert von ihm kooperatives Verhalten. Deér hingegen blendet seine Entlassung aus und verharrt in euphorischen Schilderungen seiner früheren Tätigkeit als Führungskraft.
Der Auszug enthält zwei thematisch unterschiedliche Blöcke: Bis Zeile 112 tauschen zwei Führungskräfte ihre Erfahrungen aus, ab Zeile 113 steht der Fall Deér im Mittelpunkt.
Der **Inhaltsaspekt** dieses Dialogs ist eindeutig: Wrage erklärt dem arbeitslosen Deér, wie ihr Unternehmen arbeitet und welche Chancen er als Klient hat. Sie appelliert an seine Kooperationsbereitschaft. Als diese ausbleibt, konfrontiert sie ihn energisch mit der Tatsache seiner Entlassung. Deér hält zunächst an der Fiktion fest, bei dem Gespräch handle es sich um den Erfahrungsaustausch zweier Führungskräfte.

Die schockartige Erkenntnis seiner Entlassung verdrängt er schnell wieder und beschwört zunehmend euphorisch seine verlorene berufliche Identität.

Der **Beziehungsaspekt** ist komplexer: Im **ersten Teil** des Dialogs (bis Z. 113) weisen einzelne Äußerungen Deérs und Regieanweisungen darauf hin, dass er seine Situation falsch einschätzt. Er grenzt sich überheblich („Die da?", Z. 37) von den anderen arbeitslosen Managern ab und sieht sich weiterhin als Führungskraft. Ausgehend von der Fiktion der Anbahnung einer geschäftlichen Kooperation sieht Deér Wrage als gleichrangige Geschäftspartnerin, glaubt symmetrisch zu kommunizieren. Um in seiner vermeintlichen Rolle als harter, kämpferischer Manager zu überzeugen, benutzt er Kriegsmetaphorik („an der Front", Z. 96).

Faktisch handelt es sich allerdings um eine komplementäre Kommunikationssituation, denn der arbeitlose Deér ist abhängig von den Vermittlungsbemühungen Wrages, die als ehemalige Arbeitslose nun einen neuen Arbeitsplatz als Coach bei der NCC hat. Wrage ist sich ihrer Überlegenheit von Anfang an bewusst (kurze abweisende Antworten: „Ja.", Z. 15; „Gut.", (Z. 11)). Während dieses ersten Teils geht Wrage selten direkt auf einen Beitrag Deérs ein.

Beide Protagonisten agieren als Führungskräfte. Sie benutzen daher einen ähnlichen Sprachcode: die Sprache der Geschäftswelt, bestehend aus Parataxen („Denen da geb ich keine Chance.", Z. 79 f.) und überschaubaren Hypotaxen („Wir stellen unseren Klienten ...", Z. 104 ff.) als Abbild des Effizienzgedankens in der Wirtschaft. Bei Deér fällt der Kasernenhofstil auf, den er analog zur Kriegsmetaphorik benutzt, um seine Position in der Befehlshierarchie zu betonen. Darüber hinaus verschleiert er mit dem Weglassen des Pronomens „ich" seine Verantwortung für die Entlassung von Mitarbeitern. Auffällig sind die fachsprachlichen Elemente und Anglizismen.

Auf der Beziehungsebene läuft ein strategisches Spiel ab; beide konkurrieren in einer Selbstinszenierung, mit der sie den Anwesenden – und sich selbst – ihre Kompetenz und ihren Status beweisen wollen.

Über weite Strecken ist der erste Teil nur formal ein Dialog, einzelne Redeanteile werden wie kurze Monologe aneinandergereiht. Zu einem wirklichen Gedankenaustausch zwischen den Gesprächspartnern kommt es nicht, vielmehr reden sie aneinander vorbei.

Der **zweite Teil** des Dialogs ab Zeile 113 beginnt mit einem plötzlichen Wechsel der Gesprächsführung. Deér registriert zum ersten Mal seine Abhängigkeit von Wrage, wobei seine Dialogbeiträge äußerst knapp ausfallen, da der Schock ihn fast sprachlos macht („Wofür?", Z. 125; „Ich??!", Z. 128; „Wer? Wann?", Z. 133). In dieser Passage zeigt sich deutlich Wrages übergeordnete Primärposition, die Kommunikation ist klar als komplementär erkennbar. („Sie sind entlassen worden! Herr Deér! Entlassen!", Z. 124 f.) Die stakkatohafte Formulierung und das dreimal gesetzte Ausrufezeichen betonen die Schärfe dieser Formulierung. Den Einwand Deérs („Aber.", Z. 135), mit dem er sich verzweifelt gegen die Erkenntnis wehrt, ergänzt sie erbarmungslos zu einer harten Aussage: „Nicht verstanden." (Z. 136). Deér jedoch hat im Laufe seiner Karriere seine Rolle als Führungskraft internalisiert, andere soziale Rollen hat er kaum eingenommen, wie er selbst stolz betont, indem er sich als „Workaholic" (Z. 94) beschreibt, für den „Sechzehnstundentage" (Z. 97 f.) die Normalität waren. Er hat sich vollständig den Mechanismen einer inhumanen Arbeitswelt angepasst, für Rollendistanz und Rollenwechsel fehlt ihm daher die nötige Flexibilität. Seinen Widerstand gegen die neue Rolle in einer untergeordneten Sekundärposition drückt er sprachlich durch die zweimalige Verwendung der Konjunktion „aber" (Z. 135,137) aus, die durch ihre Alleinstellung besonders betont wird. Schon zu Beginn des folgenden Monologs erhebt er mit seiner vertraulichen Anrede („Ich will Ihnen mal was sagen, liebe Frau Wrage.", Z. 144 f.) wieder den Anspruch, mit Wrage auf Augenhöhe zu kommunizieren. Im weiteren Verlauf versucht Wrage auf unterschiedlichen Wegen, Deér zur Kooperation und zur Annahme seiner Rolle zu bewegen. Sie möchte ihn positiv stimmen („Jede Entlassung ist auch eine Chance", Z. 176 f.), sie bestätigt seine Kompetenzen und versucht wie eine Therapeutin seine emotionale Befindlichkeit zu beeinflussen. Zuletzt überprüft sie den Erfolg ihrer Bemühungen mit der Frage „Verstehen wir uns, Herr Deér?" (Z. 202). Dieser allerdings hat die schockartige Erkenntnis längst wieder ausgeblendet und seine alte Rolle übernommen. Obwohl er behauptet: „Natürlich verstehen wir uns, Frau Wrage." (Z. 203 f.), haben sich beide Gesprächspartner am Ende des Dialogs inhaltlich nicht angenähert.

Deér hat damit sein Ziel, an der Fiktion seiner Identität als Führungskraft festzuhalten, erreicht. Seine Chancen für eine Neuorientierung hat er damit jedoch minimiert. Wrages Ziel bestand darin, Deér auf die Stellensuche einzustimmen und ihn zur Kooperation zu bewegen; dieses Ziel hat sie verfehlt, was sie aber ignoriert, um nicht an ihrer Kompetenz zweifeln zu müssen.

Das Theaterstück entstand 1996 zu einer Zeit, in der in den westlichen Industrieländern – auch in Deutschland – die Folgen der Globalisierung bereits differenziert diskutiert wurden. Massenentlassungen, Fusionen von Firmen und die Produktion in Ländern mit geringen Steuersätzen und breitem Niedriglohnsektor führten zur Verlagerung ganzer Industrie- und Dienstleistungssparten. Die Textil- und Schuhproduktion wurde mehrheitlich in osteuropäische oder asiatische Länder verlagert, Software-Schmieden arbeiten in Ländern wie Indien kostengünstiger. Widmer erweist sich als weitsichtig, wenn er das Stück bei der Swissair ansiedelt, wie die Insolvenz der Airline im Jahr 2001 und ihre Übernahme durch den Lufthansa-Konzern 2005 zeigt. Mit Deér als Typus des eiskalten Managers, der Akteur ist und Opfer wird, beschreibt Widmer pointiert und provozierend, wie der entfesselte Kapitalismus die Individualität der Menschen vernichtet. Implizit enthalten ist in der Aussage der Appell an die Gesellschaft, sich wieder auf humane Werte zu besinnen.

Textrevision:

Alle Aussagen treffen nicht den Kern des Dialogs:
1) Deér glaubt, ihre Beziehung sei symmetrisch, so benutzt er die nach seiner Logik durchaus zulässige vertrauliche Anrede.
2) Mit dem „Wir“ betont Wrage die Leistung der NCC und damit ihre eigene Leistung. Abwertend setzt sie Deér mit „jedem“ gleich.
3) Deér will in Wirklichkeit die Tragweite ihrer Aussagen gar nicht verstehen.

Kapitel 2 · Sachtextanalyse und Leserbrief

Seite 17

Aufgabe 1
Veröffentlicht am 26.4.2009 in „Sonntag aktuell“; Rubrik: „DIE *ANDERE* MEINUNG“; Titel: „Neue Analphabeten“; Autorin: Susanne Offenbach

Seite 18

Aufgabe 3
a) Susanne Offenbach kritisiert in ihrem Artikel in „Sonntag aktuell“, dass relativ viele Menschen keinen Zugang zum Internet haben. So blieben ihnen viele Facetten des Alltags verschlossen. Begründung: Die anderen Antworten berücksichtigen nur Teilaspekte, der 3. Satz beinhaltet zudem eine Wertung.
b) Themenvorschlag für Einleitung: Ältere Menschen und Internetnutzung - Welche Bedeutung haben Computerkenntnisse für den Alltag?

Aufgabe 4
a) Z. 1 - 6: 40 Prozent der Bevölkerung haben keinen Internetzugang.
Z. 7 - 17: Ohne Internetzugang zählt man zu den „neuen Analphabeten“ (Z. 16 f.).
Z. 18 - 22: Internet ist auch für die ältere Generation wichtig.
Z. 23 - 41: Die jüngere Generation wächst mit dem Computer auf, doch in der Schule erfolgt wenig IT-Qualifizierung, was aber wichtig wäre zur Vorbereitung auf den Beruf.
Z. 42 - 45: Es ist wichtig, sich für Computer-Ausbildung an Schulen einzusetzen, um nicht - wie bei der Integration von Migranten - zu scheitern.
Z. 46 - 51: Es gibt geschlechtsspezifische Unterschiede bei der Nutzung des Computers.
Z. 52 - 57: Exkurs - Computer und Bundeswehr
b) Mesopotamien, das historische Zweistromland zwischen den Flüssen Euphrat und Tigris, war Schmelztiegel verschiedener Völker. Hier schufen die Sumerer eine der frühesten Hochkulturen der Welt. Entscheidend war die Erfindung von Rad und Töpferscheibe. Die sumerische Keilschrift gilt als die älteste Schriftform (ca. 3500 v. Chr.). Durch die schriftliche Überlieferung von Inhalten und Wissen konnte sich der Horizont der Menschen erweitern. Seit Erfindung der Schrift erschließen sich den Menschen dadurch zahlreiche Möglichkeiten, das Leben zu gestalten. Erfolgte die Überlieferung von Texten früher auf Wachstafeln, so ist heute der Computer das Medium, das den Menschen die notwendigen Informationen bietet.

Seite 19

Aufgabe 5
a) Z. 1: „dort seien“: Die Aussage ist ein Zitat. Z. 18: „erschlösse“ : Hier wird eine Möglichkeit genannt.
b) 1. Form: Konjunktiv I - 2. Form: Konjunktiv II

Test:

Aufgabe 6
- Susanne Offenbach meint, hier scheide sich die Welt in die rund 60 Prozent mit, vor allem aber die 40 Prozent ohne Zugang zum weltweiten Netz.
- Das Web habe in nur 15 Jahren die Gesellschaft tiefgreifender verändert als jedes Medium vor ihm, so die Aussage der Autorin.
- Die Autorin meint, der Befund gehe quer durch Generationen und Schichten.
- Die Autorin berichtet, dass es in manchen Ländern Europas schon jetzt kaum mehr Schalter für Bahnkarten gebe.
- Man denke, so Susanne Offenbach, die Jungen wüchsen sowieso mit Elektronik auf (würden aufwachsen).
- Wer wirklich etwas über Informatik wisse, so die Meinung der Autorin, gehöre schon zum Club der Auserwählten.

Seite 20

Aufgabe 7
Die Autorin meint, Menschen ohne Internetzugang seien von vielen Bereichen des Lebens ausgeschlossen. Das „Surfen“ sei mit den elementaren, von Kindheit an erlernten Fähigkeiten des Lesens und Schreibens vergleichbar, deren Bedeutung schon im Zweistromland erkannt wurde und nicht zuletzt auch ein Baustein für die Blüte dieser Region war. 40 Prozent der Bundesbürger seien ohne Internetzugang. Lediglich in Bayern sei eine andere Entwicklung feststellbar. Dieses Phänomen erstrecke sich auf alle Altersgruppen und sei nicht schichtenspezifisch. Viele Dinge des Alltags seien „ohne“ nicht mehr möglich. Das Internet öffne die Tür zu einer spannenden Welt, in der sich nur wenige wirklich gut auskennen. Mangelhafte Computerkenntnisse würden sich nicht von alleine beheben lassen, seien für mehrere Zielgruppen elementar wichtig.

Aufgabe 1
a) Kernthese: „Wer heute keinen Zugang zum Internet hat, ist einer der neuen Analphabeten“ (Z. 16 f., Überschrift). Begründungen für These: Ältere verweigern sich. Wenig Qualifizierung erfolgt in Schulen, junge Frauen interessieren sich weniger für Computer als junge Männer. Argumentationsstütze: Wer keine Computerkenntnisse hat, steht beruflich

schnell im Abseits. Forderung: Aneignung von Computerkenntnissen ist unumgänglich.

b) Argumentation besteht in der Regel aus Beispielen und Analogien, die Autorin geht kaum auf eine gegnerische Position ein.

c) Faktenargumente sind sicherlich aussagekräftiger als Erfahrungsargumente oder indirekte Argumente.

Seite 21

Die sprachlichen Gestaltungsmittel analysieren

Aufgabe 1

a) **Ellipsen:** z. B.: „Warum eigentlich?“ (Z. 18) „Nur noch kurios ein Kapitel Bundeswehr.“ (Z. 52); „Fatale Folge.“ (Z. 40)

Umgangssprachliche Ausdrücke: „Computer-Muffel“ (Z. 54 f.), „Club der Auserwählten“ (Z. 30 f.), „das Ding“ (Z. 35), „Lieschen/Hans“ (Z. 50)

Alliterationen: z. B.: „Laptop und Lederhose“ (Z. 1), Feld für Familienfrauen (Z. 48), „Fatale Folge“ (Z. 40)

Personifikation: „Glückliches Bayern!“ (Z. 1)

Metapher: „geistige Tür öffnen“ (Z. 55),

Anapher: „Das ist nichts mehr für mich, das sitze ich vollends aus.“ (Z. 8)

b) Ellipsen und umgangssprachliche Ausdrücke gestalten den Text gefälliger, Alliterationen und Anaphern betonen die jeweilige Aussage, Personifikationen und Metaphern machen Informationen bildlicher und zugänglicher.

Textintention und Textbewertung

Aufgabe 1

Die Autorin möchte verdeutlichen, dass man ohne Computerkenntnisse und Internetzugang von vielen Dingen des Lebens ausgeschlossen ist. Sie appelliert an diejenigen, die sich der Computertechnik bisher entzogen haben, sich entsprechende Kenntnisse anzueignen.

Aufgabe 2

a) Unkommentiert setzt die Autorin ihrem Text einen Spruch einer mesopotamischen Wachstafel voran, nach dem das Leben erst durch Lesen und Schreiben beginne. Damit zitiert sie einen Leitspruch einer der ersten menschlichen Hochkulturen (Autoritätsargument). Im weiteren Textverlauf baut die Autorin hierauf auf und setzt analog eine Internetkompetenz mit Alltagsbewältigung gleich. Beispiele (Erfahrungsargumente) untermauern ihre Ansicht (z.B. Flugtickets und Bahnkarten nur noch aus dem Netz). Das Faktenargument zum Beginn des Textes (40 Prozent ohne Internetzugang) betont die Relevanz ihrer Aussage. Alle Argumente münden in die Forderung, dass eigeninitiativ oder bildungspolitisch in Deutschland flächendeckend Internetkompetenz entstehen müsse. Weitere beispielhafte Analogiebildungen folgen: Fortbildung sei jederzeit möglich und notwendig (Beispiel: Karl der Große lernte in hohem Alter lesen und schreiben). Argumentationsstützende Beispiele, dass Hauptschüler ohne Computerkenntnisse kein Bewerbungsgespräch überstehen könnten, wirken dagegen überzogen, desgleichen der Exkurs über die „Steinzeit-Technik“ der Bundeswehr. Der Aufbau des Textes ist bisweilen verwirrend.

b) Die Verwendung der sprachlichen Mittel ist adäquat. Sie betonen die Aussagen und machen die Thesen gefälliger und erreichen damit eher die Leserschaft.

Seite 22

Die Sachtextanalyse schreiben

Aufgabe 2

Erwartungshorizont:

Benennen der Publikationsdaten: („Neue Analphabeten“ von Susanne Offenbach in „Sonntag aktuell“ vom 26.4.2009), der Textsorte (Kolumne) und des Themas wie etwa: Viele Menschen haben keinen Internetzugang und zählen somit zu den neuen Analphabeten. **Die Thematik des Textes in Bezug setzen** zu einer aktuellen Diskussion, z. B.: über ältere Menschen und deren Nutzung des Internets, Chancen und Risiken des Internets.

Den gedanklichen Aufbau herausarbeiten und die Kernaussagen wiedergeben: Die Autorin meint, ohne Internetzugang fehle eine wichtige Alltagskompetenz. Das „Surfen“ sei mit den elementaren, von Kindheit an erlernten Fähigkeiten des Lesens und Schreibens vergleichbar, deren Bedeutung schon im Zweistromland erkannt wurde und nicht zuletzt auch ein Baustein für die Blüte dieser Region gewesen sei. 40 Prozent der Bundesbürger seien ohne Internetzugang. Lediglich in Bayern sei eine andere Entwicklung feststellbar. Das Phänomen mangelnder Internetkenntnisse erstrecke sich auf alle Altersgruppen und sei nicht schichtenspezifisch. Viele Dinge des Alltags seien „ohne“ nicht mehr möglich. Mangelhafte Computerkenntnisse würden sich nicht von allein beheben lassen, seien für diverse Zielgruppen wichtig.

Die Argumentationsstruktur untersuchen: Kernthese „Wer heute keinen Zugang zum Internet hat, ist einer der neuen Analphabeten“ (Z. 16 f. und Hinweis in der Überschrift), Beleg: 40 Prozent der Bevölkerung haben keinen Zugang, Situation in Bayern gestaltet sich besser (Faktenargument). Begründungen, z. B.: Ältere verweigern sich, wenig Qualifizierung in den Schulen, junge Frauen interessieren sich weniger dafür als junge Männer. Forderung nach Aneignung von Computerkenntnissen. Analogieargument: Keine Wiederholung politischer Fehler (mangelhafte Deutschkenntnisse von Menschen mit Migrationshintergrund). Exkurs: Veraltete IT-Situation bei der Bundeswehr. **Die rhetorischen Figuren** beschreiben und deren Funktion erläutern.

Die Textintention der Autorin verdeutlichen, die an diejenigen appelliert, die sich bisher dem Internet entzogen haben, sich entsprechende Kenntnisse anzueignen.

Den Text bewerten, z. B. in Hinblick auf den gedanklichen Aufbau, die Argumentationsstruktur und die sprachliche Ausgestaltung, Textintention oder Relevanz der Verfasserposition.

Einen Leserbrief verfassen

Aufgabe 1

Mögliche Inhalte: Die ausschließliche Fixierung auf Informations-Technologie (IT) macht den Menschen handlungsunfähig, wenn die Technik ausfällt; Kulturtechnisches Basiswissen kann bei unkritischer Fixierung auf das neue Medium verloren gehen; Ein Internet(zugang) ist nicht ausschließlich positiv zu bewerten: z. B. aggressive Computerspiele, Seiten pornografischen oder kriminellen Inhalts, unsinnige Seiten; Etliche Internetseiten enthalten keinen oder nur äußerst wenig Text (z. B. Spiele, Filme), so dass die Analogiebildung hinkt. Es gibt immer noch Berufe, die man ohne IT-Kenntnisse ausüben kann.

Aufgabe 3

Der Leserbrief kann sich auf inhaltliche und/oder formale Aspekte beziehen.

Seite 23

Textrevision:

Überarbeitung

Mit statistischen Werten führt die Autorin in die Problematik ein und betont, dass 40 Prozent der Bundesbürger ohne Internetzugang sind. Dieses Phänomen **erstreckt** sich auf alle Altersgruppen und **ist** nicht schichtenspezifisch. Lediglich in Bayern sei eine andere Entwicklung feststellbar.	Grammatik Grammatik
Das Gegenargument, auch ohne Internet im Alltag bestehen zu können, entkräftet sie mit nachvollziehbaren Beispielen. So **sind** der Kauf von Bahn- und Flugtickets oder sogar das Formular für die Abwrackprämie „ohne" nicht mehr möglich.	Grammatik
Ebenso **öffnet** das Internet die Tür zu einer spannenden Welt, in der sich nur wenige Nutzer wirklich gut auskennen. Offenbach sieht den Grund für mangelnde Kenntnisse vor allem darin, dass an vielen Schulen zu wenig EDV unterrichtet wird und Basiskurse nur notdürftig die Grundlagen vermitteln. Dies alles geschehe, weil IT-Pädagogen fehlten. Da sich das Problem nicht von allein behebe, so ihre Feststellung, müsse zwangsläufig etwas getan werden, um in bildungspolitischer Hinsicht nicht genauso zu scheitern wie bei der Vermittlung von Deutschkenntnissen bei Migranten. **In dem zuletzt genannten Punkt werde ich ihr nachher ausdrücklich widersprechen.**	Grammatik Wertung im Thesenreferat

Kapitel 3 · Texterörterung

Seite 28

Aufgabe 3

Plebiszit: Oberbegriff für alle Formen von Volksentscheidungen in der Demokratie, z. B. Volksabstimmung, Volksentscheid, Referendum

Lobby: Interessengruppe, die eine gemeinsame Position vertritt und sich für deren Durchsetzung einsetzt

Kartell: Bündnis von konkurrierenden Wirtschaftsunternehmen, daneben auch abwertend für ‚verbündete Boshaftigkeit' eingesetzt.

Aufgabe 4

Die Kolumne „Deine Stimme zählt - nicht!" wurde von Heike Kottmann geschrieben und im September 2010 in NEON in der Rubrik „Meine Meinung" veröffentlicht.

Aufgabe 5

Die Autorin problematisiert, dass ein stetig wachsender Bevölkerungsanteil von älteren Menschen die Interessen der Jugend in den Hintergrund dränge. So veränderten sich Volksentscheide beispielsweise zu einem Machtinstrument der zahlenmäßig überlegenen älteren Bürger.

Ein Thesenreferat verfassen

Aufgabe 2

In der Kolumne „Deine Stimme zählt - nicht!" problematisiert die Autorin Heike Kottmann, dass ein stetig wachsender Bevölkerungsanteil von älteren Menschen die Interessen der Jugend in den Hintergrund dränge. So veränderten sich Volksentscheide beispielsweise zu einem Machtinstrument der zahlenmäßig stark vertretenen wahlberechtigten älteren Bürger.

Heike Kottmann zeigt zunächst auf, dass heute bereits jeder vierte Deutsche älter als 60 Jahre sei. Dies hat in ihren Augen auch politische Auswirkungen. So würden die Löhne gekürzt, aber die Renten nicht sinken. Zudem stimmten die älteren Menschen über Gesetze ab, die vornehmlich junge Menschen beträfen, wie z. B. das verschärfte Rauchverbot in Bayern. Kottmann gibt zwar vielen Jungen eine Mitschuld an dem Ergebnis, da sie nicht wählen gingen. Andererseits hätten sie aber auch keine Chance, per Plebiszit ihre Interessen wirksam durchzusetzen, da sie sich in einer Minderheitensituation befänden.

Seite 29

Aufgabe 1

a) *Rhetorische Fragen*, z. B.: „Wer steht morgens noch auf der Tanzfläche, wenn die Lichter angehen, Studenten oder Senioren?" (Z. 21 f.) „Was geht es den 75-jährigen Rentner an, ob nachts im Hinterzimmer geraucht wird?" (Z. 36 f.) „Oder warum nicht gleich über ein Verbot von Klosterfrau Melissengeist?" (Z. 40 f.) *Ellipsen*, z. B.: „Kein Wunder also, dass [...]" (Z. 8 f.); „Für oder gegen die Lautstärkeregelung [...]?" (Z. 34 f.) „Alles Fragen, die das Altenkartell ebenso umtreiben [...]" (Z. 38 f.); „Eigentlich seltsam, dass [...]" (Z. 49 f.) *Trias*: „ein generelles Rauchverbot in allen Kneipen, Clubs und Gaststätten, ohne Ausnahme" (Z. 14 f.); „Beides haben die Alten, jedenfalls mehr als Schüler, Studenten oder Berufsanfänger." (Z. 48 f.) *Umgangssprache*: Auch mal (Z. 39); herumschleppen (Z. 56); Zeche (Z. 66) *Abschätzige Wortbildungen*: Seniorenlobby (Z.9), Altenkartell (Z. 38), Rentner- und Seniorenrepublik (Z. 29)

b) Verstärkung (Trias); Lesernähe zum jugendlichen Leser (umgangssprachliche Ausdrücke, Ellipsen) Polemik: rhetorische Fragen; Abwertung: negativ wertende Wortbildungen

Seite 30

Aufgabe 2

a) Wahlergebnisse in Bayern und Hamburg seien fehlerhaft und oberflächlich analysiert worden (Z. 9).
Altenkartell: Ältere Menschen seien keine konforme Gruppe, deren Ziel es sei, gegen die jüngere Generation zu agieren; es gebe auch unter den Älteren Meinungsvielfalt und sie knüpften durchaus ihre Entscheidungen an Sachargumente; es gebe vielfältige Verbundenheit von Alt und Jung. Forderung nach fairem Wahlrecht: In dieser Forderung schwingt für 1view eine Gefährdung der Demokratie mit, das historische Dreiklassenwahlrecht sei glücklicherweise überwunden.

b) Der Verfasser des Leserbriefes kritisiert die einseitige und oberflächliche Position der Autorin. Er macht deutlich, dass durch deren Forderung nach einem anderen Wahlrecht sogar die Demokratie gefährdet sei.

d) Z. B.: Jugendliche sollten sich mehr einbringen, nur dann können sie Einfluss ausüben. Auch jüngere Menschen sind nicht als Einheitsblock zu sehen, auch hier herrscht Meinungsvielfalt. Welche Relevanz haben Volksentscheide überhaupt (Häufigkeit)?

Sprache und Stil

Aufgabe 1

Hinweise auf Publikationen in öffentlichen Medien: Welche Tendenz hat das öffentliche Medium? Wann wurde die Publikation veröffentlicht? Auf welcher Quelle basieren ihre Inhalte? *Verweise auf den „gesunden Menschenverstand":* Ist der Verweis wirklich allgemeingültig?
Hinweise auf persönliche Erfahrungen: Sind diese Erfahrungen nachvollziehbar? Haben sie eine relevante Bedeutung?
Verweise auf Autoritäten: Welchen Stellenwert hat diese Autorität? Ist sie anerkannt? Kann man ihrem Urteil trauen?
Analogien: Sind die Analogien schlüssig und nachvollziehbar? Lässt sich aus der Ähnlichkeit auf eine Vergleichbarkeit schließen?

Eine über den Text hinausgehende Frage erörtern

Aufgabe 1

Das Grundgesetz sieht einen Volksentscheid auf Bundesebene bei einer Neugliederung der Bundesländer (Art. 29 GG) vor. 1996 wurde ein Zusammenschluss der Bundesländer Berlin und Brandenburg durch Volksentscheid abgelehnt. Auf Länderebene flossen in Bayern Ergebnisse aus Volksentscheiden in Gesetze ein (1972: Rundfunkfreiheit; 2009: Nichtraucherschutz) und in Baden-Württemberg fand im November 2011 ein Volksentscheid zur Problematik „Stuttgart 21" statt. In den Kommunen gibt es zahlreiche Bürgerbegehren und Bürgerentscheide.

Aufgabe 2

Z. B.: Mitarbeit in politischen Gremien auf kommunaler, Landes-, Bundes- oder Europaebene; Mitgliedschaft in Interessenverbänden; aktives oder passives Wahlrecht wahrnehmen; Leserbriefe; Blogbeiträge;

Seite 31

Aufgabe 4

Auch bei den Jugendlichen zeigen sich Politik- und Parteienverdrossenheit, obwohl die Ergebnisse der 16. Shell Jugendstudie zeigen, dass das Interesse der Jugendlichen an der Politik leicht angestiegen ist.

Seite 32

Aufgabe 1

Erwartungshorizont

Einleitung:

- Benennen der Publikationsdaten, der Textart und der Thematik (mit eigenen Worten zusammengefasst)
- Thema des Textes benennen: Die ältere Bevölkerung in Deutschland gewinne immer mehr an politischer Macht und überstimme die Jugend bei Volksentscheiden und übergehe damit deren Interessen.
- Die Thematik in Bezug zu einer öffentlichen Diskussion setzen, etwa zur Volksabstimmung in Zusammenhang mit der Problematik „Stuttgart 21"

Hauptteil:

- die Thesen der Autorin darstellen, z. B. dass der Wandel der Bevölkerungsstruktur politisch Nachteile für die jüngere Generation mit sich bringe, junge Menschen bei Volksentscheiden benachteiligt seien, die Einführung eines anderen Wahlsystems gerechter sei, diese Problematik sich in den nächsten Jahren noch verstärke.
- die Gestaltung des Textes analysieren, die Verwendung und Wirkung sprachlicher Mittel herausarbeiten, z. B.: Die Pronomina „wir, unser(e) Generation, unsere Interessen, uns" suggerieren, dass die Autorin sich mit der Gruppe der

jugendlichen Leserschaft solidarisiert und Gemeinschaft zum jugendlichen Leser aufbauen möchte, auch durch umgangssprachliche Ausdrücke und Ellipsen; durch die Verwendung der rhetorischen Figur der Trias werden die Aussagen verstärkt; rhetorische Fragen beleuchten emotionalisierend in polemischer Art Einzelaspekte. Der ironische Schreibstil mit seinen Beispielen, wie ein „Verbot" von Klosterfrau Melissengeist, polemisiert.

- die Stichhaltigkeit der Argumentation untersuchen, z. B.: die oberflächliche Interpretation der Abstimmungsergebnisse in Bayern und Hamburg oder den irreführenden Hinweis auf den Artikel der Süddeutschen Zeitung.
- sich mit der Position der Autorin kritisch auseinandersetzen, dabei etwa Bezug nehmen auf Heraufbeschwörung eines vermeintlichen Generationenkonfliktes
- in einer Überleitung die gesellschaftliche Relevanz der in der Kolumne dargestellten Position der Verfasserin darstellen, z. B.: Politikverdrossenheit Jugendlicher
- in einer weiterführenden Darstellung die eigene Position durch Auseinandersetzung mit der Frage erläutern, ob junge Menschen bei der Durchsetzung ihrer Interessen benachteiligt sind.

Schluss: Thematisieren z. B., dass der Dialog zwischen Jugendlichen und politischen Entscheidungsträgern wichtig ist.

Seite 33

Textrevision:

Ungefähr jeder 4. Bundesbürger ist älter als 60 Jahre und rund die Hälfte der Wahlberechtigten ist mehr als 50 Jahre alt. So steht die These im Raum, ob ältere Bürger durch eine Art „Seniorenlobby" die Interessen jüngerer Bürger zusehends an den Rand drängen. Sind also junge Menschen in der Lage, ihre Interessen ausreichend durchzusetzen, oder sind sie gar bei der Vertretung ihrer Anliegen benachteiligt? Zunächst sollte man zwischen zwei Gruppen von Jugendlichen unterscheiden: der Gruppe der wahlberechtigten und der derjenigen, die altersbedingt nicht wählen gehen dürfen. Die letztere Gruppe trägt, wenn überhaupt, nur passiv zur Politik bei. Da sie über keine Wahlberechtigung verfügt, hat sie keine Möglichkeit, sich so in die Politik einzubringen. Also geht es in erster Linie um die Gruppe der jungen Menschen über achtzehn Jahre. Aber auch diese Gruppe hat es heutzutage schwer, politisch mitzuwirken. Zum einen wird ihr politisches Interesse zu spät geweckt und zum anderen möchte sie ungern in Konfrontation zu der Gruppe der Älteren gehen, die ihnen gegenüber einen entscheidenden Vorteil haben: Sie verfügen über mehr Zeit und Geld.

Kapitel 4 · Analyse eines Sachtextes: Die Glosse

Seite 37

Aufgabe 1

Angaben zur Publikation: Verfasser: Harald Martenstein; Titel: „Es ist so unberechenbar wie ‚Germany's next Topmodel'"; Quelle: ZEIT-Magazin Nr. 18 vom 28.04.2011, ZEIT ONLINE; Textsorte: wertend, übertreibend: Glosse

Aufgabe 2

Der Autor schildert zum einen detailliert seine Erfahrungen bei der Bedienung eines Smartphones und gibt zum anderen Urteile über die Technikaffinität des modernen Menschen ab.

Seite 38

Aufgabe 3

Frage	Textstelle	Antwort	Textstelle
a)	Probleme im Umgang mit dem Smartphone, z. B. Z. 15 ff.	Nein	Fortschritt „erscheint" nur als solcher, Z. 26
b)	„Krise des Fortschritts", Z. 1	Nein	„Entgegen offiziellen Beteuerungen gibt es ständig Störfälle.", Z. 40 f.
d)	„Ich frage mich, wieso ein teures Handy ...", Z. 24 f.	Die Produkte werden aufwertend beworben, so entsteht Gruppendruck.	„Testsieger ... Fachzeitschrift", Z. 2 f; „Alle haben jetzt solche Handys", Z. 6 f.
f)	„Meine skeptische Haltung, den Menschen betreffend, ist ... gewachsen.", Z. 26 f.	Ja	„Störfälle", Z. 38, „Restlaufzeit", Z. 41, „ein weiteres Exempel", Z. 44

Aufgabe 4

Z. B.: „Fortschritt“ (Z. 1, 6, 26); Kernaussagen: blinder Optimismus herrscht, Risiken werden verdrängt (Z. 41 f.); gescheiterter Umgang der Menschheit mit der Technik (Z. 44)

Aufgabe 5

Martenstein kritisiert die seiner Meinung nach unreflektierte Technikaffinität des modernen Menschen; diese Haltung zeigt sich daran, dass er das Wort „Fortschritt“ ins Negative umwertet, indem er es in inhaltliche Nähe zu negativ konnotierenden Begriffen setzt: „Krise des Fortschritts“, Fortschritt habe das „Leben ... verdunkelt“.

Aufgabe 6

Die Technikaffinität und Skepsis in Bezug auf Mobiltelefone untersuchte eine Studie der Technischen Universität Dresden vom Dezember 2009. Nach dieser Studie gehört der Autor (geb. 1953) zu einer Altersgruppe mit ausgeprägter Skepsis gegenüber Smartphones (http://tu-dresden.de/die_tu_dresden/fakultaeten/vkw/iwv/kom/forsch_berat/papers/umfrage_mobile.pdf, [09.09.2011]. Die Studie belegt ebenso die Unsicherheit großer Bevölkerungsgruppen gegenüber Smartphones.

Seite 39

Aufgabe 1

Der Autor baut seinen Text thematisch im Wechsel auf zwischen längeren Situationsschilderungen (negative Erfahrungen mit seinem Smartphone) und kürzer gehaltenen Schlussfolgerungen über die Mensch-Technik-Interaktion:

1. Abschnitt: Beschreibung des neuen Geräts
2. Abschnitt: Exkurs in die Mythologie
3. Abschnitt: Konkrete Erfahrungen mit dem Gerät
4. Abschnitt: Shadowphone - ein Fortschritt?
5. Abschnitt: Konkrete Erfahrungen mit dem Gerät
6. Abschnitt: Generelle Technikskepsis → Trennung vom neuen Gerät

Aufgabe 2

Die inhaltliche Gliederung der Abschnitte korrespondiert mit einem Wechsel der Schreibformen: Abschnitte 1, 3, 5: unterhaltsame Schilderung der Schwierigkeiten mit dem Smartphone, ironisch, witzig, übertreibend; Abschnitte 2, 4, 6: Verzicht auf Ironie und Übertreibungen; ernsthafter Grundton

Seite 40

Aufgabe 1

Was die Krise des Fortschritts betrifft, kann ich mitreden. Ich besitze neuerdings ein sogenanntes Smartphone, Marke Motorola, Testsieger in einer Fachzeitschrift, versehen mit einem sogenannten Touchscreen. Das ist eine Art Glasplatte, ähnlich wie das Ceranfeld beim Herd oder der Bildschirm beim Fernseher. Man tippt nicht auf Knöpfen herum, sondern berührt mit dem Finger das Ceranfeld, und das Handy führt dann die Befehle aus. Dies ist der Fortschritt. Alle haben jetzt solche Handys, sie sind auch viel teurer. Ein iPhone habe ich deswegen nicht gekauft, weil ich zeigen will, dass ich ein Mann aus dem Volk bin und kein Dandy. Das iPhone besitzt mein Sohn.

Von glatten Flächen geht, seit dem Anbeginn aller Zeiten, eine spiegelnde Wirkung aus. Es gibt antike Mythen, die dieses Problem behandeln, z. B. die Geschichte von Narziss. Der Jüngling Narziss blickte auf einen glatten Teich, sah sein Spiegelbild, verliebte sich in sich selber und ertrank beim Versuch, sich zu küssen. Ich bin und bleibe ein Anhänger des Gymnasiums.

Wenn ich im Hellen stehe und das Handy klingelt, sehe ich nicht, wer anruft. Dies könnte ich vielleicht verschmerzen. Ich kann aber auch den Anruf nicht annehmen. Um den Anruf anzunehmen, müsste ich nämlich mit dem Finger eine bestimmte Stelle auf der Oberfläche des Handys berühren. Weil ich aber nichts sehe auf dieser Oberfläche, geht das nicht. Folglich muss ich, sobald es klingelt oder wenn ich jemanden dringend erreichen möchte, sehr schnell eine schattige oder dunkle Stelle aufsuchen. Nicht immer gelingt dies. Wegen des Fortschritts hat mein Leben sich verdunkelt. In einer Wüste, wo immer die Sonne scheint, wäre ich telefonisch nicht erreichbar, ich müsste verdursten.

Ich frage mich, wieso ein teures Handy, welches, im Gegensatz zu billigen Handys, nur im Schatten funktioniert, den Menschen als ein zivilisatorischer Fortschritt erscheint. Meine skeptische Haltung, den Menschen betreffend, ist durch mein neues Shadowphone gewachsen.

Das oder der oder die Touchscreen ist außerdem sehr schnell von einer ekligen Schmiere aus Fingerfett bedeckt, es verkratzt schnell, und es reagiert nur mit einer gewissen zeitlichen Verzögerung. Wenn ich etwas mit dem Shadowphone machen will, meistens will ich jemanden anrufen, dann reagiert es nicht, und ich werde nervös. Wenn ich dann, um mich zu beruhigen, das Gerät in meine Jackentasche stecke, ruft das Gerät von sich aus Menschen in der Dritten Welt an, denen ich außer Solidaritätsbekundungen nichts zu sagen habe. Die Sensibilität eines Touchscreens ist so unberechenbar wie das Seelenkostüm von Germany's next Topmodel. Seit ich dieses Gerät besitze, ist mir überhaupt erst klar geworden, was für eine großartige Erfindung der Druckknopf oder die Taste gewesen ist. Die Taste reagiert blitzschnell, ist leicht zu reinigen, und sie funktioniert bei jedem Wetter, wie ein Klappspaten oder eine Saftpresse.

Touchscreens sind eben komplizierte technische Systeme. Entgegen offiziellen Beteuerungen gibt es ständig Störfälle. Auch in diesem Fall hat die Menschheit eine Technologie geschaffen, die sie nicht wirklich im Griff hat. Es herrscht ein blinder Optimismus, Risiken werden verdrängt. Das oder der Touchscreen ist ein weiteres Exempel für den gescheiterten Umgang der Menschheit mit Technik. Nicht alles ist machbar. Eine spiegelglatte, glasähnliche Fläche, die nicht spiegelt, ist z. B. nicht machbar. Ich habe die Restlaufzeit meines Handys verkürzt.

Ironisch-distanzierte Infragestellung

Kurze Parataxen, um eine Aussage besonders krass hervorzuheben

Hypotaxen, um gedankliche Prozesse oder Zusammenhänge darzustellen

Neologismus, ironisch-abwertende Verunglimpfung des Fachbegriffs „Smartphone"

Dreischritt, um einer Aussage besondern Nachdruck zu verleihen

Umgangssprache, wirkt salopp, erhebt den Anspruch auf Gültigkeit im täglichen Leben

gehobene Sprache, weist den Autor als sprachlich kompetent aus, auch durch Archaismus („seit dem Anbeginn aller Zeiten") und Fremdwörter

Anapher betont die Misserfolge im Umgang mit dem Gerät

Fachkenntnis, gepaart mit (Selbst-)Ironie

Paradoxon: wirbt für gedankliche Neuorientierung.

Fremdwörter als Beweis für die Bildung des Verfassers

Personifizierung ironisiert die Affinität der Benutzer zu einem an sich seelenlosen Gerät

Irritierende Aussagen: durch semantisch Überraschendes entstehen ironische Brechungen: Vergleich mit banalen Gegenständen des täglichen Lebens (Handwerk, Haushalt) (Z. 44). Autor weist sich selbstironisch als Mitglied der Bildungsschicht, der Leserschaft der ZEIT, aus (Z. 14).

Aufgabe 2

1. Der Autor möchte seine Aussage nicht belehrend transportieren, worauf viele Menschen ablehnend reagieren könnten.

2. So nutzt er lieber das für eine Glosse typische Stilmittel der Ironie. Beispielsweise mit dem Satz: „Alle haben jetzt diese Handys, sie sind auch viel teurer." (Z. 6 f.). Durch die parataktische Aneinanderkopplung der beiden Hauptsätze kombiniert der Autor sich eigentlich widersprechende Aussagen und legt indirekt den Schluss nahe, dass die Funktionalität dieses Geräts den Preis nicht rechtfertige. Mit einem Paradoxon im Satz „Wegen des Fortschritts hat sich mein Leben verdunkelt." (Z. 21 f.) durchkreuzt er metaphorisch und ironisch ebenfalls die zunächst gängige Vorstellung beim Leser, dass Fortschritt das Leben eigentlich eher erhelle als verdunkele.

3. So gelingt es dem Autor, der Leserschaft Denkimpulse zu geben und ihre Gedanken in eine bestimmte Richtung zu lenken, ohne sie belehren zu wollen.

Die Argumentation des Textes beschreiben

Aufgabe 1

a) Die Argumentationstechniken des Autors entsprechen nicht den bekannten Vorgaben, denn er baut seine Gedanken nicht stringent auf (These, Argument, Argumentationsstütze), diese Bestandteile finden sich vielmehr verstreut über den ganzen Text.
Beispiel: These: Es gibt eine „Krise des Fortschritts" (Z. 1); Argument: Ein „zivilisatorischer Fortschritt" ist nicht erkennbar, die Entwicklung der Technik „erscheint" dem Menschen nur als solcher (Z. 24 ff.)

b) Der Autor möchte weder moralisieren noch durchgehend rational argumentieren, sondern das Interesse durch die amüsante, witzige, ironische Beschreibung seiner persönlichen Erfahrungen mit dem Smartphone wecken. Mit seiner Selbstironie möchte er der Zielgruppe das Eingeständnis erleichtern, ebenfalls Probleme im Umgang mit solchen Geräten zu haben.

Seite 41

Aufgabe 2

Muster:

Der vorliegende Text ist Teil der Kolumne „Lebenszeichen", die der Journalist und Schriftsteller Harald Martenstein seit 2002 für das „ZEIT-MAGAZIN" schreibt, welches als Beilage der Wochenzeitung „DIE ZEIT" erscheint. Er wurde unter dem Titel „Es ist so unberechenbar wie Germany's next Topmodel" in der Ausgabe Nr. 18 vom 28.04.2011 veröffentlicht. Der Autor schildert darin zum einen detailliert seine Erfahrungen bei der Bedienung eines Smartphones und gibt zum anderen Urteile über die Technikaffinität des modernen Menschen ab, die er als „Krise des Fortschritts" (Z. 1) wahrnimmt.
Diese Wahrnehmung untermauert er schon in der Themenzeile mit dem Hinweis auf die „Schattenseiten" seiner Neuanschaffung. Seine Sicht auf die moderne Technik begründet er an dieser Stelle nicht, gleichwohl erhebt er den Anspruch, bei diesem Thema „mitreden" (Z. 1) zu können, den Besitz des Geräts führt er als Beweis seiner Urteilskompetenz an. Schon hier wird deutlich, dass Martenstein seinen Gedankengang nicht nach den bekannten Regeln der sachlichen Argumentation darlegt, aber auch nicht moralisierend gegen die moderne Technik Stellung beziehen möchte, sondern die Lesenden mit dem Stilmittel der Ironie auf seine Fortschrittskritik unterhaltend aufmerksam machen möchte. So hinterfragt er mit ironischer Distanz beispielsweise die ursprünglich positiv besetzten Anglizismen „Smartphone" (Z. 2) und „Touchscreen" (Z. 3) mit dem wiederholten Zusatz „sogenannt". Inhaltlich erzeugt er eine ironische Distanz durch überraschende Vergleiche: Den Touchscreen stellt er mit „dem Ceranfeld beim Herd" (Z. 4), einem unspektakulären Alltagsgerät, auf eine Stufe und entzaubert damit den „Testsieger" (Z. 2). Martenstein geht es im ersten Abschnitt also nicht darum, notwendige Kenntnisse zu vermitteln; die Beschreibung des Geräts ist bewusst so simpel, dass sie faktisch überflüssig ist. So wird von Anfang an klar, dass es sich bei diesem journalistischen Text um eine Glosse handelt. Der keineswegs informierende und daher irritierende Titel ist ein weiteres Indiz dafür.

Weitere Merkmale einer Glosse lassen sich ebenfalls nachweisen. So preist der Autor die „großartige Erfindung" von „Druckknopf und Taste" (Z. 37) ironisch an. Das Smartphone dagegen stellt er kontrastiv auf eine Stufe mit Geräten wie „Klappspaten" oder „Saftpresse" (Z. 39); durch den witzigen Neologismus „Shadowphone" (Z. 27) erreicht er eine eindeutig negative Konnotation. Mit der gespielten Unsicherheit bei der grammatischen Einordnung des Nomens „Touchscreen" („Das oder der oder die Touchscreen" (Z. 28) stellt er den Nutzen dieses Geräts in Frage. Seine subjektiven Erfahrungen im Umgang damit beschreibt er übertrieben detailliert (Z. 15 ff. und 28 ff.), die Schilderung gipfelt einerseits in der humorvoll beschworenen Gefahr, den Autor könne aufgrund der schlechten Benutzereigenschaften des Smartphones der Tod ereilen („ich müsste verdursten", Z. 23), und andererseits in einer zerknirschten Schilderung der angeblichen Überforderung durch das Gerät, die ihn sprachlos mache („nichts zu sagen", Z. 34). Mit dieser exemplarischen Wiedergabe seiner Erfahrungen weist er nach, dass dieses Kommunikationsmittel für ihn seinen eigentlichen Zweck verfehlt. Diese Zusammenhänge gestaltet der Autor mit weiteren rhetorischen Mitteln besonders eindrucksvoll, z. B. durch einen Dreischritt (Z. 28, 38 f.) und eine Anapher („Wenn", Z. 30 ff). Mit der Personifizierung des Geräts, dem er ein „Seelenkostüm" ähnlich dem von „Germany's next Topmodel" (Z. 36) zuspricht, löst er nun die Irritation durch den Titel auf.
Martenstein begnügt sich allerdings nicht mit der humorvoll-ironischen Schilderung seiner Missgeschicke. Sie dienen ihm vielmehr dazu, bei den Lesenden Interesse für das Thema zu wecken, um ihnen seine eigene Technikskepsis (Abschnitt 4) und seine Überzeugung vom Scheitern des Menschen im Umgang mit technischen Innovationen (Abschnitt 6) nahezubringen. So setzt er beim Aufbau seines Textes die Abschnitte 4 und 6 sowohl inhaltlich als auch stilistisch in starken Kontrast zu dem amüsanten Grundton der Abschnitte 1, 3 und 5. Kontrastierungen sind auch in den Paradoxa enthalten, mit denen der Autor die Leserschaft irritiert: „Alle haben jetzt solche Handys, sie sind auch viel teurer." (Z. 6 f.); „Wegen des Fortschritts hat sich mein Leben verdunkelt." (Z. 21 f.). Hier erreicht Martenstein durch einen logischen Bruch eine Verunsicherung der Lesenden und zwingt ihnen Fragen auf: Wieso kaufen die Konsumenten ein so teures Handy? Ist der sogenannte Fortschritt tatsächlich ein Segen für die Menschheit? Auch im letzten Abschnitt drückt er mit einem Paradoxon die kompromisslosen Ansprüche des Menschen an die moderne Technik klar aus: „Eine spiegelglatte, glasähnliche Fläche, die nicht spiegelt, ist ... nicht machbar." (Z. 45 f.).
Diese Brüche führt der Autor auch sprachlich herbei, indem er in den Abschnitten 2, 4 und 6 von salopp-ironischen, mitunter umgangssprachlichen Wendungen („ekligen Schmiere", Z. 28 f.) zu einer gehobenen Sprachebene mit ernsthaftem Grundton wechselt. Wichtig ist ihm dabei auch, seine Zugehörigkeit zum Bildungsbürgertum, der Hauptleserschaft der ZEIT, zu betonen. Dies demonstriert er z. B. in seinem Exkurs über Narziss mit einem Archaismus („seit dem Anbeginn aller Zeiten", Z. 10), dem Fremdwort „Mythen" (Z. 11) sowie dem zunächst irritierenden Schlusssatz dieses Abschnitts.
Auch in der Syntax variiert der Autor, indem er kurze Parataxen sowie überschaubare Hypotaxen („Auch in diesem Fall ...", Z. 41 f.) neben etwas stärker gegliederte Hypotaxen stellt. Oft wechselt er so zwischen knappen, harten Feststellungen („Nicht alles ist machbar.", Z. 45) und Denkprozessen oder -anstößen („Ich frage mich ...", Z. 24 f.).
Die somit nachgewiesenen Merkmale der Glosse weisen auf den persuasiven Charakter dieses Textes hin. Verfasser dieser journalistischen Textart haben nicht die Intention, ihre Zielgruppe ausschließlich rational anzusprechen und ihre Aussagen nach dem bekannten Muster einer Argumentation (These – Argument –Stütze) aufzubauen. So enthält auch diese Glosse durchaus Elemente einer klassischen Argumentation, allerdings nicht stringent geordnet. Beispielsweise führt der Autor erst in den Zeilen 24 ff. ein Argument für seine bereits in Zeile 1 formulierte These von der „Krise des Fortschritts" an, indem er ausführt, ein „zivilisatorischer Fortschritt" sei nicht erkennbar. Die unverhältnismäßig ausführlichen Argumentationsstützen sind verteilt auf die Abschnitte 3 und 4 und beschränken sich auf nur ein Beispiel (Smartphone) mit durchgängig subjektiver Perspektive, was an der häufigen Benutzung des Personalpronomens in der 1. Person Singular zu erkennen ist. Erst im letzten Abschnitt entwickelt Martenstein ein Argument in der bekannten Dreiteilung, allerdings in umgekehrter Reihenfolge. (Stütze: Touchscreens sind kompliziert und störanfällig, Z. 40 f.; Argument: Der Mensch hat Technologien zwar geschaffen, beherrscht sie aber nicht, Z. 41 f.; Behauptung: Der Mensch ist im Umgang mit der Technik gescheitert, Z. 44). Erst hier bekommt seine Aussage allgemein gültigen Charakter, indem er durch Begriffe aus der Kerntechnologie („Störfälle", Z. 41, „Restlaufzeit", Z. 46) und Verallgemeinerungen („Auch in diesem Fall", Z. 41; „ein weiteres Exempel", Z. 43 f.) über das Smartphone hinausweist.
Diese Analyseergebnisse zeigen, dass der Verfasser bei seiner Zielgruppe Interesse an und Erfahrung im Umgang mit Sprache voraussetzt. So unterhält Martensteins Glosse die Leserschaft einerseits geistreich, hinterfragt aber andererseits ernsthaft die Technikaffinität des modernen Menschen und formuliert indirekt einen Appell zum reflektierten Umgang mit modernen technischen Errungenschaften.

Seite 42

Textrevision:

Die Aussagen enthalten im ersten Teil jeweils eine korrekte, im zweiten Teil jeweils eine fehlerhafte Aussage:

1. Der Autor nutzt zwar Ironie als Stilmittel, aber nicht durchgehend, sondern im Wechsel mit Abschnitten ohne Ironie.

2. Der Autor schildert tatsächlich seine Probleme im Umgang mit dem Smartphone, tut dies aber selbstironisch und stellt niemanden bloß.

3. Der Autor gibt in der Tat Erläuterungen zum Smartphone, dies aber in ironischer Weise, seine Zielgruppe braucht diese bewusst sehr simpel gehaltenen Erläuterungen nicht.

Kapitel 5 · Verfassen eines Essays

Seite 46

Aufgabe 1

a) TV-Geräte, Computer und Smartphones/Handys nehmen in der Privatsphäre der Deutschen eine zentrale Bedeutung ein.
b) Anstieg des Umsatzes in der Branche um 6,2 Prozent innerhalb eines Jahres
c) Deutsche investieren in Wiedergabegeräte wie DVD-Rekorder oder Camcorder eher wenig Geld.
d) Die Unterhaltungsmedien sind von großer Wichtigkeit. Investitionen von 25,8 Mrd Euro belegen dies.

Aufgabe 2

Abstract zu Material 1:
Die Infografik des Globus Verlages beschäftigt sich mit der Bedeutung der Unterhaltungsmedien in den Privathaushalten der Deutschen und belegt mit Zahlenmaterial die hohen Ausgaben, die die Bundesbürger tätigen, um medial umfassend unterhalten zu werden. Im untersuchten Zeitraum 2010 sind 25,8 Milliarden Euro in diesen Marktbereich geflossen. Spitzenplätze belegen Fernsehgeräte und Computer. Auch die Smartphones sind weiter auf dem Vormarsch. Hingegen scheint der Camcorder, der am Ende des Diagramms steht, zwischenzeitlich von anderen Aufnahmegeräten wie Digitalkamera weitgehend abgelöst worden zu sein. (80 Wörter)

Seite 47

Aufgabe 1

Vorschlag für Begriffe der Mindmap: Gespräche führen, Spielfilme auf DVD/Blu-Ray anschauen, PC- oder Gesellschaftsspiele spielen, Dokumentations-/Diskussionssendungen verfolgen

Aufgabe 2

a) Am Beispiel des Fernsehens kann man gut nachweisen, dass Unterhaltungsqualität und -quantität voneinander unabhängige Größen sind, da vor allem die privaten, aber auch die öffentlich-rechtlichen Sender die Bürger mit seichten, dümmlichen und niveaulosen Sendeformaten überfluten. So reiht sich im Nachmittagsprogramm eine konstruierte Gerichtssoap an die andere. Jede davon bietet leichte Unterhaltung in emotionalisierender Form und bildet keinesfalls reales Geschehen an deutschen Gerichten ab. Die auffällig hohe Quantität dieser Sendungen ist keineswegs Garant für ihre Qualität.
b) Gute Unterhaltung hat etwas mit der Wahrnehmung von Zeit zu tun, weil der Intellekt, der ständig animiert und inspiriert wird, die Zeit als äußerst kurzweilig wahrnimmt. So kann ein spannender Film eine Zeit von drei Stunden zu einem kurzen Moment verdichten.
c) Im Zeitalter der omnipräsenten Kommunikationsmedien droht das Gespräch auszusterben, da immer mehr Nachrichten und Botschaften versendet werden, aber kaum noch der gedankliche Austausch gesucht wird. Viele Teenager sitzen nebeneinander und gaffen apathisch in ihr Smartphone, anstatt zu kommunizieren.
d) Gute Unterhaltung, die den Geist beschäftigt, trägt zur Bildung eines Menschen bei, denn wer sich mit einer Sache identifiziert oder sich zu etwas distanziert, wer sich über ein Themenfeld informiert und sich damit auseinandersetzt, erweitert seinen gedanklichen Horizont. So können beispielsweise gute Diskussionsrunden die Argumentationskompetenz eines Zuschauers maßgeblich positiv beeinflussen.

Seite 48

Aufgabe 1

Z. B.: a) Herrlich unterhaltend ist für mich Switch reloaded ...
b) Bohrende Langeweile hingegen bewirken bei mir Sendeformate wie Big Brother oder Dschungelcamp ...

Aufgabe 2

Beispielantworten:
a) – b) Gute Unterhaltung sollte sich nicht auf reinen Medienkonsum beschränken. Vor allem das Gespräch mit Freunden und Bekannten und gemeinsame Unternehmungen sind bedeutsam.
c) Die Verantwortung der Eltern und Erzieher hinsichtlich der Vermittlung von Medienkompetenz und des Unterhaltungsangebots spielt eine große Rolle.
d) Fernsehsender sollten sich nicht darauf beschränken, immer auf demselben Sendeplatz Menschen zu zeigen, die – beispielsweise wie es in den Gerichtssendungen üblich ist – ihre Konflikte vor einem erfundenen Forum austragen und sich dabei anschreien und kränken. Ein ausgewogenes Verhältnis zwischen Soaps und informativen Formaten sollte doch möglich sein. Der Rundfunkrat, als Aufsichtsgremium der öffentlich-rechtlichen Rundfunkanstalten, sollte die Sendungen seiner Sender stärker auf Qualität überprüfen.
e) Auch die PC-Spielebranche sollte ein breit gefächertes Angebot an guten, kreativen und unterhaltsamen Spielen bereithalten, in denen es nicht nur darum geht, sinnlos zu ballern oder Krieg zu spielen.

Seite 49

Aufgabe 3

Z. B.: Streit mit dem Bruder oder der Schwester über das Fernsehprogramm; Diskussion mit dem Vater, der den Witz der Serie „Die Simpsons“ nicht versteht.

Aufgabe 4

Z. B.: Ich befinde mich im Jahr 2112, das Fernsehen in der antiquierten Form des letzten Jahrhunderts gibt es schon lange nicht mehr. Eine revolutionäre Technik hat es möglich gemacht, dass Fiktionalität und Realität nicht mehr zu unterscheiden sind. Ich setze meinen multimedialen Helm auf, schlüpfe in die verdrahteten Manschetten für Hände und Beine, schalte das Display ein; von den 3.000 Varianten, die mein Standardanschluss im Netz bietet, wähle ich heute meine Lieblingsrolle und logge mich ein - und im nächsten Moment bin ich Kapitän auf einem Sternenkreuzer, der Galaxien zerstört.

Satirische und heiter-ironische Elemente erwägen

Aufgabe 1
Siehe Text und Lösung zu Aufgabe 2c (ironische Schreibform), Seite 50 im Arbeitsheft

Aufgabe 2
Text a) Fiktionale Schreibform als Zukunftsvision. Bereits der Einleitungssatz verweist auf eine zeitlich unbestimmte Zukunft und entfaltet eine Vision.
Text b) Argumentative Passage. Im formalen Aufbau erkennt man den Gang der Argumentation; der Verfasser leitet mit einer These ein, begründet diese und leistet eine Abgrenzung zwischen zwei bedeutungsähnlichen Begriffen.
Text c) Ironische Schreibform mit Übertreibungen und Analogiebildung zur Lebensmittelkennzeichnung in Ampelform. Die Berufung auf das Grundgesetz ist bewusst als Übertreibung formuliert.
Text d) Appellative Schreibform. Zunächst äußert der Verfasser eine Zielsetzung, und schließt daran Handlungsaufforderung an. Da er Aktivitäten einklagt, ist der Aufforderungscharakter leicht zu erkennen.
Text e) Schreibform des Erzählens. Eine Erzählfigur tritt auf und vermittelt äußeres und inneres Erleben.

Seite 51

Aufgabe 1
Muster:
Hinweis: Eine Auswahl an Stilmitteln ist in der Umschlagseite des Arbeitsheftes erläutert.

Essay	Sprachanalyse
Titel: Vom Fernsehen und der Kurzsichtigkeit - Die Unterhaltung langweilt uns ins Koma	Wortspiel mit Metapher und Oxymoron
Teil I: Einleitung mit Anrede des Lesers Kennen Sie das auch im Urlaub - vierzehn Tage all-inclusive Verkostung, prall gefüllte Büfetts mit großer Auswahl? Am ersten Tag ist man verzückt, lädt sich die Teller viel zu voll und spachtelt, was das Zeug hält. Am zweiten Tag ebbt die Begeisterung schon merklich ab, weil man das Gefühl hat, fast alles schon am Tag zuvor irgendwie gesehen und - noch schlimmer - auch geschmeckt zu haben. Ab dem dritten oder vierten Tag verkommt die Mahlzeit zur zweckorientierten Nahrungsaufnahme - nichts wie runter damit und raus aus der Kantine. So ähnlich geht es mir derzeit mit dem Angebot der privaten und öffentlichen Sender. Einheitskost auf allen Kanälen, Befriedigung der niedersten Affekte, Unterhaltung als primitivster Zeitvertreib.	Analogie: Nahrung und TV- Konsum; Rhetorische Frage Trias mit umgangssprachlicher Wendung Hyperbel Metapher (Fernseh-/Restaurant-Konsum) Trias mit Ellipse und Hyperbel
Teil II: Informationen und Argumente mit Belegen Derzeit stehen dem normalen Fernsehhaushalt zwischen vierzig und dreihundert Programme zur Verfügung. Auf vielen wird rund um die Uhr gesendet - das heißt, es stehen mehr Sendezeit und Sendeplätze zur Verfügung, als man benötigt. Überkapazitäten und Überproduktion drücken auf die Qualität - das wird jeder Betriebs- und Volkswirtschaftler bestätigen. Gleiches ist im Fernsehen auszumachen. Vieles, was im Vor- und Nachmittagsprogramm angeboten wird, ist nach den immer gleichen Strickmustern zusammengegart: Ob es sich dabei um Talk-Shows, Gerichts-Soaps oder Super-Nanny-Auftritte handelt, spielt keine Rolle. Es geht um derbe Emotionen, die auf einer billigen und fadenscheinigen Plattform zelebriert werden: im Gerichtssaal, in einer vermeintlichen Diskussionsrunde, in einer Drei-Zimmer-Wohnung. Immer wird geschrien, beschimpft, häufig sogar geprügelt. Was hier als Reality vorgeführt wird, ist aber nicht real, sondern folgt den Vorgaben eines Drehbuchs - die Inszenierung spielt die Realität nur vor, was vielen Konsumenten so gar nicht bewusst ist. Die tröstliche Erfahrung, dass es anderswo noch trostloser zugeht, ist deshalb illusorisch.	Metapher Doppelte Metapher (stricken, garen) Trias Metapher Trias Trias mit Klimax Wortspiel

Teil III: Fiktionaler, erzählerischer Teil mit ironischem Unterton	
Es ist Samstagnachmittag, das Wetter trostlos - idealer Zeitpunkt, sich auf die Couch zu legen und sich medial inspirieren zu lassen. Es ist 15.20 Uhr - so viele Sender, da muss doch was gehen.	
In der ARD haben die Sportterroristen offensichtlich den Sender gekapert - fast sechs Stunden am Stück Rudern, Tourenwagenrennen, Triathlon. Beschäftigung für den Geist - Fehlanzeige.	Umgangssprache; Metapher und Ironie Metapher; Trias
Aber das ist erst der Anfang. Im ZDF darf - Rosamunde Pilcher genossen werden. Eine Frau zwischen zwei Männern, im Kampf zwischen Verliebtsein und Liebe.	Ellipse Ironie
Oh ja Baby, gib's mir. In Sat 1 geht Richterin Barbara Salesch zur Sache. Unser Unmütterchen der Nation gibt als allzeit gerechte Richterin gute Ratschläge, wie man sich benimmt: dem Staatsanwalt, dem Verteidiger und natürlich den Angeklagten und Zeugen.	Umgangssprache mit Anspielung auf das Niveau der Sendung, Neologismus, Pleonasmus, Ironie, Enumeratio
In RTL geht es um Verdachtsfälle in Familien. Ist mein Bub nun ein Verbrecher oder nicht?	Scheinzitat, Ironie
Ich switche und switche und switche. Da kochen sie, was das Zeug hält, begleitet von trostlosem und nicht enden wollendem Gelafer. Im nächsten Sender verkaufen sie Klamotten aus den fünfziger Jahren für die beleibte Dame, die so hässlich sind, dass man die Macher wegen optischer Kontamination der Umwelt anklagen müsste. Dann schrauben ganze Männer, tätowiert, als seien sie im Privatleben Rausschmeißer auf der Reeperbahn und Schwerverbrechern nicht unähnlich,	Wiederholung, Ironie mit Neologismus Lafer in Anspielung auf Fernsehkoch Johann Lafer, Umgangssprache, Euphemismus, Hyperbel, Ironie, Metapher, Ironie mit Vergleich
an einem Motorrad, das so monströs aussieht, dass man sich wirklich fragt, ob es straßentauglich ist.	Litotes
Und alle drehen an irgendwelchen Schrauben und ich langsam durch.	Zeugma
Bei denen muss wohl eine Schraube locker sein! Ein letzter Druck auf die Fernbedienung - Notaus!	Anspielung, Doppeldeutigkeit
Teil IV: Expressive Passage mit eindeutiger Positionierung zum Problem	
Nun kann man ja auf dem Standpunkt stehen, dass es die Sache jedes Einzelnen ist, wie oft und was er sich anschaut. Ich glaube aber, dass hinter den Angeboten der Sender eine weit größere Gefahr steckt, als man gemeinhin annimmt.	Ich-Botschaft
Ich glaube wirklich, dass das Fernsehen die Menschen nicht bereichert, nicht bildet und sensibler macht, sondern sie schlichtweg verdummt.	Trias mit Antithese; Ich-Botschaft
Ich bin fest davon überzeugt, dass sich der Mensch über Medien bilden kann. Aber dies ist eben nicht nur eine Einbahnstraße. Wie man gescheiter werden kann, so kann man auch ungebildeter werden. Und wer sich jeden Tag diesen Sendeformaten aussetzt, muss sich nicht wundern, wenn er irgendwann einmal ähnlich grobschlächtig und abgestumpft reagiert.	Metapher
Ich will noch einmal auf die Analogie zur Nahrungsaufnahme eingehen: Wer immer nur Fast-Food-Produkte in sich hineinstopft, Geschmacksverstärker, Fett und Salz, Süßstoffe inbegriffen,	Analogie
wird irgendwann den Geschmack verlieren. Genau das gleiche Phänomen lässt sich beim Fernsehen beobachten.	Doppeldeutigkeit
Wir stopfen uns mit billigem medialen Fast Food voll und müssen uns nicht wundern, wenn wir davon krank werden.	Metapher
Nicht körperlich, aber mental.	Ellipse
Wir verlieren den Blick für die Vielschichtigkeiten der Unterhaltung, werden unempfindlich für Ironie, feinsinnige Randbemerkungen, gute Argumente und geistreiche Aphorismen.	Enumeratio mit Klimax
So macht Fernsehen uns auf lange Sicht kurzsichtig, weil wir unseren Wahrnehmungshorizont systematisch verengen und uns der medialen Vergiftung nicht mehr entziehen können.	Metapher und Personifikation Metapher
Teil V: Die Appelle	
Was aber ist zu tun?	
Da niemand eine strenge Zensur der Sendeanstalten will - immerhin sind sie wichtiger Teil unserer Demokratie -, müssen andere Wege gegangen werden, um dem Niveauverlust entgegenzuwirken.	Metapher
Hier sind zunächst die Eltern gefragt, die sich klar werden müssen, dass die Tatsache, dass Sendungen am Nachmittag ausgestrahlt werden, nicht gleichbedeutend damit ist, dass sie auch harmlos sind. Eltern sollten sehr genau überwachen, was Kinder und	Appell

Jugendliche ansehen. Ich kann nur sagen: Seht endlich hin, liebe Eltern, und macht die Augen auf! Gerne würde ich auch die öffentlich-rechtlichen Sender in die Pflicht nehmen. Sie sollten aufgrund der Gebühren, die sie einnehmen, eine wirkliche Alternative zu dem Angebot der Privatsender entwickeln: Nachmittagssendungen, die interessant, aber eben auch dem kindlichen Niveau angemessen sind, Spielfilme, in denen richtige Dialoge stattfinden, Diskussionen, in denen wirklich noch um Meinungen und Standpunkte gerungen wird. Vielleicht müssten sich hier auch die Familienminister der Länder stärker engagieren und ihren Einfluss auf ARD und ZDF geltend machen.	Imperativ Trias
Teil VI: *Schluss mit Analogie Essen - Fernsehen, wie in der Einleitung* Ich jedenfalls habe mir vorgenommen, mehr Zeit für die Auswahl der Sendungen zu investieren. Nicht mehr nur deshalb fernzusehen, weil gerade ein trister und grauer Samstagnachmittag ist, sondern genau zu planen: Was will ich diese Woche sehen und wann kommen diese Sendungen? Die Investition eines DVD-Rekorders wird mir diese Freiheiten verschaffen. Nur noch das sehen, was einem wirklich Unterhaltung bietet! Vom Guten nur das Beste, vom Schlechten nichts. Und den nächsten Urlaub plane ich als Angebot mit Übernachtung und Frühstück! Endlich dann essen zu können, wann man Lust hat, und vor allem das essen zu können, was regional gut und frisch angeboten wird. Das ist der Urlaub, den ich suche - das ist der Genuss, den ich suche.	 Superlativ, Ellipse Anapher, Epipher mit Parallelismus

Textrevision:

a) Der Ausdruck „richtig stark" ist umgangssprachlich und müsste ersetzt werden. Inhaltlich falsch ist die Behauptung, dass Themen ausdiskutiert werden; sie werden eher andiskutiert und dienen zum offenen verbalen Schlagabtausch.

b) Sprachlich ist der Ausdruck „richtig ätzend" nicht korrekt. Inhaltlich geht der Verfasser den Weg der unzulässigen Verallgemeinerung.

c) Sprachlich ist der Ausdruck „*mehr brauch ich nicht*" nicht korrekt, weil „brauchen" hier stilistisch schlecht und grammatikalisch falsch eingesetzt worden ist. Inhaltlich ist die Erwähnung des ganztägigen, monotonen Musikhörens kein überzeugendes Argument zum Thema „gute Unterhaltung".

Kapitel 6 · Interpretation von Prosatexten

Seite 57

Aufgabe 1

a) Eltern, Schwester und Freund versuchen den Selbstmord des 19-jährigen Eduard zu erklären.

b) Hinweis: Tempus des 1. Satzes („Er war mein Sohn ...") deutet auf etwas Vergangenes hin.
Z. 39 f: „Bin ich deswegen schuld an deinem Tod, Eduard?"
Z. 41 ff: „Ein paar schlechter Noten wegen springt man nicht von der Brücke. Dafür wirft man doch sein Leben nicht weg, Eduard, mein Junge!"

c) Vater: Kurzschlusshandlung (Z. 41), Schulversagen (Z. 34), Mutter: weil er etwas suchte und nicht fand (Z. 47 f., Z. 84) „Um zu wissen, wer Gott ist" (Z. 65 f.), weil ihm Demut und Vertrauen fehlten (Z. 86), Schwester: „die Mädchen haben ihn auf dem Gewissen" (Z. 104 f.), Freund: weil er wusste, „dass alles keinen Sinn hat" (Z. 110, 115 f.)

Aufgabe 2

Die genauen Umstände des Suizids sind weder den Eltern noch der Schwester oder dem Freund bekannt, alle vier äußern Mutmaßungen über die Gründe, können Eduards Tat jedoch nicht erklären.

Aufgabe 3

a) Eduard sprang von einer Brücke in den Tod. Es werden keine Angaben zum genauen Ort und Zeitpunkt gemacht.

b) Vater, Mutter, ältere Schwester, Freund und Eduard, über den gesprochen wird. Die erzählenden Figuren haben keine Namen, auch der Zeitpunkt ihrer Aussagen ist unbestimmt. Somit verbleiben Inhalt (der Suizid Eduards) und Aussage (Versuch der Deutung durch ihm Nahestehende) unbestimmt und vage.

Seite 58

Aufgabe 4

Die Kurzgeschichte gliedert sich in vier Abschnitte. In jedem Abschnitt legt je eine der Figuren dar, wie sie den Selbstmord Eduards sieht, und lässt Rückschlüsse darauf zu, wie sie mit diesem Ereignis umgeht. Die formale Untergliederung erfolgt jeweils durch Anführungs- und Schlusszeichen bei jedem Abschnitt.

Seite 58

Die Inhaltsangabe schreiben

Aufgabe 1

In seinem Prosatext „Unser Eduard“, der 1959 in der Anthologie „Deutsche Erzähler der Gegenwart“ erschien, thematisiert Paul Schallück den Selbstmord des achtzehnjährigen Schülers Eduard. Durch die Kommentare der Familie und des Freundes wird ein Bild von der Persönlichkeit des Jungen entworfen. Ihre Äußerungen, die der Autor durch verschiedene stilistische Mittel unterstreicht, lassen darüber hinaus auch Rückschlüsse auf sie selbst und ihre Kommunikation zu.

Die Kurzgeschichte ist in vier Abschnitte gegliedert, in denen einmal der Vater, die Mutter sowie die Schwester und ein guter Freund ihre Gedanken über Eduard und seinen Tod schildern. In der Ich-Perspektive der jeweils erzählenden Figur lernt man so Eduard kennen und versucht, ihn zu verstehen. Der Vater berichtet von Eduards Hobbys und Neigungen. Für ihn ist Eduard sehr ambivalent, vor allem aber weich und wenig pflichtbewusst. Die Mutter sieht in ihm den ernsten Jungen, der überall nach Gott gesucht hat. Auch die Schwester kommt zu Wort, für sie ist sein Tod darin begründet, dass ihm Liebe gefehlt hat. Eduards bester Freund meint, dass für Eduard alles keinen Sinn mehr gehabt hat, und bewundert ihn dafür, dass er mutig genug gewesen ist, allem ein Ende zu setzen.

Die Textinterpretation vorbereiten

Aufgabe 1

a) Vater: seine Mutter, seine Schwester (Z. 2, Z. 32)
Mutter: sein Vater (Z. 49)
Schwester: -
Freund: die Alten (Z. 118)
Unpersönlich, distanziert, einsam; Ehefrau und Tochter werden vom Vater als Einheit gesehen, er fühlt sich ausgegrenzt; die Tochter erwähnt ihre Eltern gar nicht; bei dem Freund wird nicht deutlich, ob er die Eltern oder die Erwachsenen um Eduard meint.
Mutter und Tochter verstummen oder flüstern, wenn der Vater heimkommt, blicken nicht auf (Z. 2 ff.).
b) Vater: mein Sohn, mein einziger (Z. 1), Eduard (Z. 34)
Mutter: Edi, mein Junge, mein einziger Sohn, mein Edi (Z. 44)
Schwester: Ed, mein kleiner Bruder (Z. 89)
Freund: mein Freund Eddi, mit doppeltem d (Z. 107), unser Eddi, mit doppeltem d (Z. 122 f.)
Jeder der vier benennt Eduard anders, sieht nur einen Ausschnitt seiner Persönlichkeit bzw. projiziert bestimmte Vorstellungen auf ihn, die den realen Eduard nur teilweise erfassen.

Seite 59

Aufgabe 2

Vater: autoritär, streng, diszipliniert, tüchtig – sieht in seinem Sohn den Nachfolger, der den von ihm aufgebauten Betrieb übernehmen soll
Mutter: fromm, fürsorglich – mütterlich
Schwester: „große Schwester“ – beschützend
Freund: Kumpel, der sich mit Eduard vergleicht und meint, ihm sehr ähnlich zu sein

Aufgabe 3

Vater: macht sich Vorwürfe, ist von Selbstzweifeln geplagt
Mutter: ist traurig; bedauert, dass Eduard sich nicht an sie gewandt hat (Vorwürfe)
Schwester: macht anderen (den Mädchen) Vorwürfe
Freund: ist beeindruckt, stilisiert seinen Freund zum Helden

Eduard charakterisieren

Aufgabe 2

Der Vater hat von vielen Dingen eine sehr festgefahrene Meinung; Eduard fällt aus diesem festgefügten Denkraster des Vaters förmlich heraus, denn er passt nicht in die Wertewelt des Vaters. Die Mutter hingegen gebraucht sehr häufig die Koseform Edi für ihren Jungen. Sie fragt sich, warum ihr suchender Junge so aus dem Leben geschieden ist. Weit entfernt voneinander stehen Edi und Mutter, sie können nicht zusammenkommen.

Aufgabe 3

Vater: begabt, verspielt, weich, verwöhnt, leicht ablenkbar, schnell begeisterungsfähig bzw. interesselos, ambivalent, fahrig, nicht pflichtbewusst, unkonzentriert, ungezügelt, unbeherrscht
Mutter: gut, eigensinnig, extrem, suchend, ernst, besessen, verbissen, nicht demütig
Schwester: begabt, fein gesponnen, vielseitig interessiert, jung, hübsch, unzufrieden, sehnsüchtig nach Liebe, geistig nicht ausgereift
Freund: cool, experimentierfreudig, schnell gelangweilt, erfolgreich, extrem, mutig, klug

Seite 60

Sprache und Stil

Aufgabe 1

a) Eduard wollte „alles oder nichts“, Demut hätte ihn gelehrt, geduldiger mit sich und seinen Fragen umzugehen, Voraussetzung für diese Demut wäre Vertrauen zu seinen Eltern und auch zu Gott.
b) Vertrauen, Bescheidenheit, Fügung, Respekt, Achtung und Akzeptanz des nicht Begreifbaren
Synonyme: Ergebenheit, Anspruchslosigkeit
Antonyme: Hochmut, Überheblichkeit

Aufgabe 2

Der Vater meint, Eduard hätte keinen Lebensplan, orientiere sich mal in diese, mal in jene Richtung. Für die Mutter war er ein Suchender, dem das Maß, der Bezugspunkt fehlte. Während der Vater mangelnde Willensstärke nennt, betont die Mutter eher die emotionale Ungeduld Eduards.

Aufgabe 3
Für die Schwester begann Eduards Unglück durch die Begegnung mit dem anderen Geschlecht, für den Freund ist es kein Unglück, sondern eher Coolness, Überdruss oder auch die Empfindung einer Sinnlosigkeit des Lebens. Während die Schwester ihn als noch unreif schildert, ist er für den Freund ein junger Mensch, der allen voraus ist.

Aufgabe 4
Jeder nimmt etwas anderes wahr, die Schwester erwähnt anderes als die Eltern oder der Freund. Diese Multiperspektivität macht die facettenreiche Persönlichkeit eines Menschen aus, der in jeder seiner Beziehungen eine andere Rolle einnimmt. Es stellt sich aber auch die Frage, ob nicht jeder nur das sieht, was er sehen will, und ob diese Sichtweisen ausreichen, ein vollständiges Bild der beschriebenen Person zu erhalten, und nicht eher Rückschlüsse auf diejenigen zulassen, die Eduard beschreiben. Die Widersprüche sind also einerseits den subjektiven Wahrnehmungen der vier Personen geschuldet, andererseits aber auch auf ein uneinheitliches, nicht kongruentes Auftreten Eduards zurückzuführen.

Seite 61

Erzähltechnische und sprachliche Mittel analysieren

Aufgabe 1
a) Ich-Erzählhaltung
b) Jede Passage ist als innerer Monolog gestaltet.
c) Die Erzählzeit ist kürzer als erzählte Zeit (Zeitraffung).

Aufgabe 2
Die Darstellung aus der Ich-Perspektive bzw. in Form des inneren Monologs macht das Erzählte authentischer, sie zeigt aber auch, dass die jeweilige Betrachtungsweise subjektiv ist. Die Persönlichkeit Eduards und die Gründe seines Suizids erschließen sich nicht über die multiperspektivische Darstellung.
Durch die Zeitraffung wird die Kurzgeschichte gedrängt, das Geschehen wirkt bedrückend. Dem Leser bleiben wenig Zeit und fast kein Raum, Distanz zu wahren und die Aussagen zu verarbeiten.

Seite 62

Aufgabe 3
a) Umgangssprache, Standardsprache, Jugendsprache
b) Vater und Mutter: Standardsprache
Schwester: Standardsprache/Umgangssprache
Freund: Standardsprache/Jugendsprache/Umgangssprache
In allen Fällen verstärkt die Sprachwahl die Authentizität der Figur und ihrer Äußerungen.

Aufgabe 4
Vater: formuliert die meisten Fragesätze, kürzere, abgehackte Sätze – häufig Parataxen. Er ist unsicher, macht sich Vorwürfe, sieht wenig Zusammenhänge, bleibt aber überlegt und nachdenklich.
Mutter: längere Sätze – vorwiegend Hypotaxen. Sie erzählt ausschweifend, verliert sich in Erklärungsversuchen.
Schwester: Satzreihen (Parataxen) überwiegen.
Freund: erzählt impulsiv, abgehackt, hypotaktischer Aufbau

Test:

Aufgabe 5
1 d; 2 h; 3 i; 4 c; 5 g; 6 e, b; 7 b; 8 f; 9 a
a) **Parallelismus:** z. B. „Wenn ich ihn ins Gebet nahm, sah er ein …" „Wenn ich ihn strafte, weinte er." (Z. 29 ff.)
Trias: z. B. „Er war sehr begabt, aber verspielt, zu weich …"(Z. 5 f.)
Anapher: z. B. „Er war …", „Er wollte …", „Er lernte …", Er musste …"(Z. 5 ff.) „Ich war …", „Ich könnte …" (Z. 61 ff.)
„… der suchte nicht mehr…", „Der hatte längst …", „Der wusste …" (Z. 107 ff.)
Aufzählung: z. B. „Er war sehr begabt, aber verspielt, zu weich; verwöhnt worden von denen, die jetzt schweigen" (Z. 5 f.), „Ein Sonnenstrahl konnte ihn ablenken oder ein Buch, ein Schnupfen schon und erst recht ein Fußballländerspiel" (Z. 15 f.)
„Er schrieb Gedichte, kletterte in die Berge und sammelte Steine, ersparte und erbettelte sich ein Fernrohr und beobachtete die Sterne in langen Nächten, tauschte das Rohr gegen ein Moped ein, raste durch unsere Gartenstadt, ließ die Maschine verrosten, malte abstrakt, züchtete Fische […]" (Z. 19 ff.)
„Nach jeder erloschenen Begeisterung redete ich ihm ins Gewissen, drohte, kürzte sein Taschengeld, sperrte den Ausgang, nahm ihn während der Osterferien in den Betrieb, ins Labor." (Z. 27 ff.)
„ein Wort, ein Blick, eine Geste oder ein Kichern" (Z. 104)
Ellipse: z. B. „Ein aufgeschossener achtzehnjähriger Junge" (Z. 31 f.)
„Ein Ultimatum, ich weiß." (Z. 35)
„Wozu denn?" (Z. 116)
Wiederholung: „[…] schon als kleiner Junge wollte er alles oder nichts. So war er veranlagt, mein Edi, nicht anders: Alles oder nichts." (Z. 48 f.)
„… ein bisschen Demut hat dir gefehlt und ein bisschen Vertrauen zu deiner Mutter (Z. 86 f.)
„Edi war ein ernster Junge, viel zu ernst sogar […]." (Z. 54 f.)
„Die kicherten […]", „Das Kichern war sein […]" (Z. 101 ff.)
Alliteration: „[…] der suchte nicht mehr, nirgendwo und nichts […]" (Z. 107 f.)
b) verstärkend, betonend

Seite 63

Aufgabe 1
„Unser Eduard"
In seinem Prosatext „Unser Eduard", der 1959 in der Anthologie „Deutsche Erzähler der Gegenwart" erschien, thematisiert Paul Schallück den Selbstmord des achtzehnjährigen Schülers Eduard. Mit den Kommentaren der Familie und des Freundes wird ein Bild von der Persönlichkeit des Jungen

entworfen. Deren Äußerungen, die der Autor durch verschiedene stilistische Mittel unterstreicht, lassen darüber hinaus auch Rückschlüsse auf sie selbst und ihr Verhältnis zu Eduard zu.
Die Kurzgeschichte ist in vier Abschnitte gegliedert, in denen einmal der Vater, die Mutter sowie die Schwester und ein guter Freund ihre Gedanken über Eduard und seinen Tod schildern. In der Ich-Perspektive der jeweils erzählenden Figur lernt man so Eduard kennen und versucht, ihn zu verstehen. Der Vater berichtet von Eduards Hobbys und Neigungen. Für ihn ist Eduard sehr ambivalent, vor allem aber weich und wenig pflichtbewusst. Die Mutter sieht in ihm den ernsten Jungen, der überall nach Gott gesucht hat. Auch die Schwester kommt zu Wort, für sie ist sein Tod darin begründet, dass ihm Liebe gefehlt hat. Eduards bester Freund meint, dass für Eduard alles keinen Sinn mehr gehabt hat, und bewundert ihn dafür, dass er mutig genug gewesen ist, allem ein Ende zu setzen.
Der Vater ist der Erste, der zu Wort kommt. Dieser innere Monolog gibt Einblick in die Phasen und Entwicklungsschritte von Eduards Leben. So erfährt der Leser - häufig in kürzeren, unvollständigen Sätzen -, dass der Vater, dem im Leben nichts geschenkt worden ist, die Erziehung seines Sohnes übernommen hat, als dieser vierzehn wurde. Zuvor hat die Mutter diesen erzogen und nach Meinung des Vaters verwöhnt (vgl. Z. 5 f.). Er selbst wollte ihn auf das Leben vorbereiten und ihm verständlich machen, dass ihm nichts geschenkt werden wird. In seinem Sohn sieht er den Nachfolger, der den von ihm aufgebauten Betrieb übernehmen soll. Mit seiner strengen und tüchtigen Art, mit der ihm wohl sonst so viel gelingt, meint er auf Eduard Einfluss ausüben, ihn formen und lebenstauglich machen zu können. Mit Belohnungen und Sanktionen hat er versucht Eduard zu erziehen und will oder kann nicht akzeptieren, dass sein Sohn anders ist. Die Schuld am Selbstmord seines Sohnes weist er zurück, dennoch zeigen die vielen Fragen, die er sich stellt, dass der Tod seines jungen Sohnes ihn nicht zur Ruhe kommen lässt. Seine Frau und seine Tochter bestrafen ihn mit Wegschauen und Schweigen (vgl. Z. 2 ff). Sein Sohn sei zwar sehr begabt, jedoch etwas zu verspielt gewesen: „Er war sehr begabt, aber verspielt, zu weich; verwöhnt worden von denen, die jetzt schweigen.“ (Z. 5 f.). Am Ende seines Monologs versucht der Vater, sein schlechtes Gewissen zu beruhigen, indem er seinen Sohn als von Natur aus ungezügelt und unbeherrscht charakterisiert (vgl. Z. 40 f.).
Eduards Mutter, die sehr liebevoll und besorgt von ihrem Sohn spricht, vertritt einen anderen Standpunkt. Sie sagt, „Edi“ sei „mit einer unergründbaren Leidenschaft eigensinnig“ (Z. 46 f.) gewesen, für ihn habe es nur „alles oder nichts“ (Z. 48) gegeben. Sie beschreibt ihn ausführlich und überwiegend in Hypotaxen als ernsten, besessenen Jungen, der überhaupt nicht demütig war. Eine Ergebenheit, vielleicht auch eine gewisse Bescheidenheit habe ihm gefehlt. Er sei ein Suchender gewesen und habe vor allem Gott gesucht (vgl. Z. 58 ff.). Zumindest hatte er das einmal zu ihr gesagt, gleich nachdem er ihr im Alter von etwa zehn oder elf Jahren eröffnet hatte, er könne sich vorstellen, sich umzubringen. Die Mutter hatte darüber gelacht und ihn erst auf seinen Blick hin und seine erneute Aussage, er könne sich wirklich das Leben nehmen (vgl. Z. 63), ernst genommen und nachgefragt.
Ihrer Meinung nach hat „Edi“ überall nach Gott gesucht: in den Farben, die er zum Malen benutzte, in den Fischen, die er beim Angeln fing, oder auf seinem Moped, wenn er durch die Kleinstadt düste. Er habe nach etwas gesucht, von dem er selbst nicht recht wusste, was es war (vgl. Z. 58 ff.). Sie bereut, dass er nicht zu ihr gekommen ist und ihr von seinen Sorgen erzählt hat.
Eduards ältere Schwester bemerkt stolz, dass ihr kleiner Bruder nicht schlecht ausgesehen hat und auch bei dem anderen Geschlecht gut angekommen ist. Wie andere Jungen sei er vielen Hobbys nachgegangen und
vor allem gerne schnelle Motorräder gefahren. Sie hebt damit im Gegensatz zu ihren Eltern andere, für Jugendliche interessante Aspekte hervor. Sie ist auch der Meinung, „Ed“ habe nach Liebe gesucht, ohne es zu wissen (vgl. Z. 96). Die Mädchen, von denen er viele hätte haben können, interessierten ihn nicht, dafür sei er geistig noch nicht reif genug gewesen. Zwei Mädchen aus seiner Klasse hätten gekichert, als bekannt wurde, dass „Ed“ die Versetzung in die nächste Klasse eventuell nicht schaffen könnte. Dieses Kichern sei sein Verhängnis gewesen (vgl. Z. 103), denn die kleinen Dinge im Leben seien es, die einen Menschen aus der Bahn werfen können und sein Leben auf den Kopf stellen. Er, den sie auch als „feiner gesponnen“ (Z. 90) charakterisiert, sei damit aus der Bahn geworfen worden.
Ein Schulfreund empfindet Stolz angesichts dieses Selbstmordes. Er meint, „Eddi“ habe es an diesem Tag, als er erfuhr, dass seine Versetzung gefährdet sei, und in diesem Moment getan, um die Eltern und Erwachsenen auf eine falsche Spur zu locken. Schon längst habe er gewusst, dass das Leben sinnlos sei, und nicht mehr gesucht (vgl. Z. 115 f.). Eddi ist für ihn ein Mensch, der es wagt, seine Extreme auszuleben. Er beneidet ihn, da er das gemacht hat, was er sich selbst nicht traut: dem sinnlosen, langweiligen Leben ein Ende zu setzen.
Die Beschreibungen Eduards zeigen deutlich, dass bei jeder erzählenden Person deren subjektive Betrachtungsweise im Vordergrund steht. Diese inneren Monologe machen das Erzählte authentisch, zeigen aber auch, dass die Frage, wer Eduard war, letztendlich unbeantwortet bleibt.
Durch die Zeitraffung wirkt die Kurzgeschichte gedrängt - es bleibt dem Leser wenig Zeit und Raum, die Geschehnisse zu verarbeiten.
Mich hat sie sehr berührt. Vor allem aber die Aussage von Eduards Schwester, dass wir gestern wie heute zu wenig auf die kleinen Dinge achten, die wir tun oder sagen, hat mich betroffen gemacht. Vieles verletzt Menschen mehr, als man anfänglich glauben mag. So ist es auch in Eduards Fall. Vom Vater wurde er gefordert und von der Mutter und der

Schwester verwöhnt. Von den gleichaltrigen Mädchen kam ein Kichern zur falschen Zeit.
An der Art, wie jeder der ihm nahe stehenden Menschen ihn charakterisiert, erkennt man, dass er etwas ganz Besonderes gewesen ist. Er war ein junger Mensch, der in einer Phase seines Lebens nicht recht wusste, was er wollte, jedoch nach allem suchte. Im Grunde genommen war er allein und einsam. Dass diese Gefühle zu einem Selbstmord führen, lässt für alle, die diesen Menschen gekannt haben, viele Fragen offen.

Seite 64

Textrevision:

a) Überarbeitung

Unser Eduard	
In der **Kurzgeschichte „Unser Eduard" von Paul Schallück** werden die Gedanken und Gefühle der Personen geschildert, die Eduard nahestehen, einem Schüler, der sich vor Kurzem umgebracht hat.	Informationen fehlen
Die Geschichte ist in vier Abschnitte gegliedert, in denen einmal der Vater, die Mutter sowie die Schwester und ein guter Freund ihre Reaktionen auf Eduards Tod schildern. Der **auktoriale** Erzähler informiert den Leser so über die Persönlichkeit Eduards und dessen mögliche Motive für den Selbstmord. Der Vater berichtet über Eduards Hobbys und Neigungen. Für ihn war Eduard sehr verspielt, weich und verwöhnt. Für die Mutter dagegen war er ein ernster Junge, der überall nach Gott suchte. Auch die Schwester kommt zu Wort. Sie erklärt den Freitod ihres Bruders mit dessen großem Verlangen nach Liebe und seiner Unfähigkeit, **die kleinen Dinge der Welt zu schätzen**. Eduards bester Freund denkt anders und sagt, dass für Eduard alles keinen Sinn mehr hatte. **Er sei mutig genug gewesen, sich umzubringen. Er sieht in seinem Freund den „coole[n]" Eddie, – mit doppeltem d.**	falsche Erzählperspektive/Inhalt Inhalt Inhalt – Wertung
In der Familie wird kaum noch miteinander kommuniziert. Vor allem der Vater fühlt sich ausgegrenzt. **„Wenn ich heimkomme, verstummen sie. Betrete ich** das Zimmer, blicken sie nicht auf. Bei Tisch fällt kaum ein Wort. Sie schweigen mich an, sie strafen mich" (Z. 2 ff.). Hier wird deutlich, wie allein er sich fühlt und welche Last er tragen muss.	Zitat/Inhaltsangabe
Der Text beinhaltet die Merkmale einer Kurzgeschichte. So beginnt die Handlung völlig unvermittelt. Es gibt nur die eine Hauptperson, die man durch die Spiegelung der Gedanken der vier Personen kennenlernt. Auch das Ende bliebt offen, ein weiteres Merkmal einer Kurzgeschichte.	Zusammenhang
Der Leser wird mit einer vielschichtigen Problematik konfrontiert. Eduards Motive für seinen Selbstmord können nicht vollständig geklärt werden. Man nähert sich dem Problem aus verschiedenen Perspektiven, von denen jede nur einen Erklärungsansatz liefert. Die entscheidende Frage bleibt: Wer war er wirklich?	

Kapitel 7 · Interpretation von Gedichten

Seite 67

Aufgabe 1 – 2

	Mascha Kaléko: Das graue Haar	
1. Teil (V. 1 – 9): Das lyr. Ich entdeckt das erste graue Haar seines Partners. Dieses spricht zum lyr. Ich und sagt ihm, dass sein Partner nun altern wird.	Ein welkes Sommerblatt fiel mir zu Füßen. - Dein erstes graues Haar. Es sprach zu mir: Mai ist vorbei. Der erste Schnee läßt grüßen. Es dunkelt schon. Die Nacht steht vor der Tür.	 Personifikation Personifikation Personifikation
	Bald wird der Sturmwind an die Scheiben klopfen. Im Lindenbaum, der so voll Singen war, Hockt stumm und düster eine Krähenschar. Hörst du den Regen von den Dächern tropfen?	Pesonifikation Personifikation rhetorische Frage

2. Teil (V. 10 - 18): V. 10 - 12: Der Partner des lyr. Ich stimmt der Aussage des grauen Haares zu und hat Angst, seinen Partner deshalb zu verlieren. V. 13 - 18: Das lyr. Ich gibt seinem Partner ein Liebe-/Treuebekenntnis.	So sprach zu mir das erste graue Haar. Da aber ward ich deinen Blick gewahr, Da sah ich, Liebster, lächelnd dich im Spiegel. Du nicktest wissend: Ja so wird es sein. Und deine Augen fragten mich im Spiegel, Läßt mich die Nachtigall im Herbst allein? Und meine Augen sagten dir im Spiegel: Kommt, Wind und Regen, kommt! Wir sind zu zwein. Das graue Haar, ich suchte es im Spiegel, Der erste Kuß darauf, das war mein Siegel. (1958) R	Personifikation Anapher Personifikation Metapher, offene Frage Personifikation

Aufgabe 3
Zunächst herrscht eine niedergeschlagene Stimmung vor, da der nahende Lebensabend des angesprochenen Du beschrieben wird (V. 1 - 9). Durch das Treueversprechen des lyrischen Ich wandelt sich die Stimmung hin zum Positiven (V. 16 - 18). Das Alter bedeutet nicht gleichzeitig das Ende einer Beziehung oder Liebe.

Aufgabe 4
In dem Gedicht werden Trennungsängste aufgrund des nahenden Alters thematisiert.

Seite 68

Aufgabe 1
Das lyrische Ich ist weiblich. Dies ist daran zu erkennen, dass das angesprochene Du mit „Liebster" (V. 11), also einer männlichen Form, angeredet wird.

Aufgabe 2
Charakterisierung des lyrischen Ich: Das lyrische Ich erkennt erste Merkmale des Alters an seinem Partner (das „graue Haar"); es liebt seinen Partner jedoch trotz des nahenden Alters und gibt ihm ein symbolisches Treueversprechen („Kuss", V. 18).
Charakterisierung des Du: Der angesprochene Partner altert und ist sich dessen bewusst (V. 12); seine Attraktivität wird im Alter schwinden (V. 13 f.). Dies nimmt er ruhig und gelassen wahr (V. 12). Dennoch befürchtet er, dass die Beziehung damit beendet sein könnte, und kommuniziert diese Sorge mit einem Blick (V. 13).

Aufgabe 3
Die beiden tauschen Blicke aus; dieses deutet auf eine Verbundenheit hin, die keiner Worte bedarf. Aber es wird auch eine gewisse Angst signalisiert, die bittere Wahrheit auszusprechen (V.10 - 15).

Aufgabe 4
Formanalyse: 5 Strophen, davon 4 à 4 Verse, letzte Strophe: 2 Verse; 5-hebiger Jambus; Reimschema: Kreuzreim (I), umschließender Reim (II), Paarreim (III), strophenübergreifender Kreuzreim (III, IV), Paarreim (V)
Funktion der formalen Struktur: ständiger Wechsel des Reimschemas: Im ersten Teil unterstreicht der Wechsel des Reimschemas den Wechsel in der Lebensphase; im zweiten Teil: strophenübergreifender Kreuzreim: Zusammenhalt der Partner; Paarreim am Schluss: Zusammengehörigkeit des Paares
Sprachanalyse: *Personifikationen:* das graue Haar (es spricht), Die Nacht steht vor der Tür, Sturmwind [wird] an die Scheiben klopfen; *Natur-Metaphern:* Frühling und Herbst/Winter als Symbol für die vergangene Jugend bzw. das kommende Alter (vergangene Jugend: Mai, Lindenbaum, singen; *Metaphern für nahendes Alter:* graues Haar, welkes Sommerblatt, Mai ist vorbei, Schnee, dunkelt, Nacht steht vor der Tür, Sturmwind, Krähenschar, Regen, Nachtigall), *Adjektive mit negativer Konnotation:* stumm, düster; *positive Wortwahl:* Liebster, lächelnd, Kuss; *Parallelismus:* Und deine Augen fragten mich im Spiegel [...] und meine Augen sagten dir im Spiegel; *Symbol:* der Spiegel; *Wortwiederholungen* (Wind, Regen, Spiegel), Fragen (V. 8; V. 14). *Insgesamt:* sehr bildhafte Gestaltung

Aufgabe 5
Naturbezüge in Verbindung mit negativer Wortwahl: Sie stellen bildhaft das nahende Alter dar. Personifikationen in Verbindung mit negativer Wortwahl: Sie verdeutlichen, dass - analog zum Wechsel der Jahreszeiten - der Mensch altert. Spiegelsymbolik: Sie lässt Wahrheiten erkennen (das Altern, Trennungsangst und die gegenseitige Liebe).

Seite 69

Aufgabe 3

	Das graue Haar	Einer Jungfrawn Klage vber nahendes Alter
Kernaussage	Trennungsängste innerhalb einer Beziehung aufgrund des nahenden Alters eines Partners	Erkenntnis der Vergänglichkeit des Schönen; Trauer über ungenutzte Zeit
Grundstimmung	zunächst niedergeschlagen, dann aber hoffnungsvoll	permanent niedergeschlagen

Aufgabe 4

Das graue Haar	Einer Jungfrawn Klage vber nahendes Alter
z. B.: „Läßt mich die Nachtigall im Herbst allein?“ (V. 14) Bereich: Natur/Tierwelt und Jahreszeit	z. B.: „Die Rose wann der Tag sich neigt/wird abgemeit“ (V. 12) Bereich: Natur (Rose), Tageszeiten, Wetterwechsel

Aufgabe 5

Das graue Haar: Das lyrische Ich ist weiblich. Es erkennt erste Merkmale des Alters an seinem Partner (das „graue Haar“); es liebt seinen Partner jedoch trotz des nahenden Alters und gibt ihm ein symbolisches Treueversprechen („Kuß“, V. 18).
Du: Der angesprochene Partner altert, ist sich dessen bewusst (vgl. V.12).

Einer Jungfrawn Klage: Das lyrische Ich ist weiblich, gealtert und hat sein Lebensfazit gezogen: Es hat die Zeit ungenutzt verstreichen lassen. Im Titel wird es als „Jungfraw“ benannt, denkbarer Hinweis auf fehlenden Eheschluss als verpasste Lebenschance.
Du: fehlt.

Seite 70

Aufgabe 6

	Das graue Haar	Einer Jungfrawn Klage vber nahendes Alter
Gedichtform	5 Strophen: 4 mit 4 Versen, letzte: 2 Verse Reimschema: Kreuzreim (I), umschließender Reim (II), Paarreim (III) strophenübergreifender Kreuzreim (III, IV) Paarreim (IV)	Sonett 2 Quartette mit dem Reimschema abba abba 2 Terzette mit dem Reimschema ccd eed
Metrum	5-hebiger Jambus	Alexandriner (= 6-hebiger Jambus mit Zäsur nach der dritten Hebung)
Sprachlich-stilistische Mittel	Vgl. Lösungen zu Aufgabe 4 von Seite 68	Bildhafte Gestaltung: Rose = Symbol für Liebe und Schönheit; die Tages-, Nacht-/Abendzeiten spiegeln den Wandel von Jugend zu Alter (s. V. 5); der „Wind“, also der Lauf der Zeit, zerstört die Rose; Die Farbe Rot wird mit Grau kontrastiert, somit erscheint das Alter düster, während die Jugend farbenfroh und schillernd beschrieben ist.
Funktion der formalen Struktur	Vgl. Lösungen zu Aufgabe 5 von Seite 68	Die Farb- und Tageszeitenmetaphern unterstreichen die Vergleiche zwischen früher und heute.

Aufgabe 7
Aktualität Kaléko-Gedicht: Das Thema des souveränen Umgangs mit dem Älterwerden ist immer aktuell, besonders heute, wo der demografische Wandel die Gesellschaft altern lässt. Dabei sind die heutigen Alten weit gesünder und „fitter" als 1958, dem Entstehungsjahr des Gedichts.
Aktualität Opitz-Gedicht: Das Alter wird heutzutage gern dank medizinischen Fortschritts negiert; die Jugendlichkeit möchten viele möglichst lange bewahren (Schönheitsoperationen); an die Stelle der Opitz'schen Resignation tritt vielerorten heute eine Art von Verdrängung. Die von Opitz thematisierte Todessehnsucht, noch tief verankert im religiösen Bewusstsein des 17. Jahrhunderts, besitzt heute diese Aktualität nicht mehr.

Seite 72

Aufgabe 1
Das Gedicht „Das graue Haar" wurde 1958 von Mascha Kaléko verfasst und thematisiert Trennungsängste innerhalb einer Partnerschaft aufgrund des nahenden Alters des Mannes.
Das Gedicht lässt sich inhaltlich in zwei Teile unterteilen. Im ersten Teil (V. 1 – 9) entdeckt das lyrische Ich das erste graue Haar seines Partners. Das Haar spricht nun zum lyrischen Ich und beschreibt unter Verwendung von Natur- und Jahreszeitenmetaphern den Ablauf des Alterns. Der zweite Teil (V. 10 – 18) schwenkt die Aufmerksamkeit des Lesers auf die sprachfreie Kommunikation der beiden Partner vor dem Spiegel. Blicke verraten, dass der alternde Partner angesichts des zu erwartenden Alterungsprozesses Angst hat, verlassen zu werden. Doch das lyrische Ich versichert ihm seine Treue und besiegelt das Liebesbekenntnis mit einem Kuss auf das erste graue Haar (V. 18).

Aufgabe 2
a) Das Gedicht besteht aus fünf Strophen mit insgesamt 18 Versen. Das Metrum ist ein fünfhebiger Jambus, mit abwechselnd männlichen und weiblichen Kadenzen. Das Reimschema wechselt zwischen Kreuzreim (I), umschließendem Reim (II), Paarreim (III), strophenübergreifendem Kreuzreim (III, IV), und Paarreim (V). Die erste Strophe führt den Leser in die Situation ein. „Ein welkes Sommerblatt" (V. 1) signalisiert dem lyrischen Ich das Altern seines Partners. Das lyrische Ich erfährt aus dem Mund des personalisierten ersten grauen Haares, dass der „Mai [...] vorbei" (V. 3) sei, also die junge und fruchtbare Zeit des Lebens. Auch der „erste Schnee" (V. 3) kündige sich bereits an, berichtet das graue Haar. Nicht ausgesprochen wird, dass somit auch Sommer und Herbst bereits verstrichen sind. „Der erste Schnee" als Zeichen des Winterbeginns kündet in Analogie zum „ersten grauen Haar" metaphorisch die Zeit des Alters an. Die personifizierte „Nacht steht vor der Tür" (V. 4) und mit ihr der Lebensabend.
In der zweiten Strophe wird die nächste Lebensphase des angesprochenen „Du" durch Herbst-/Winterbilder veranschaulicht. So „wird der Sturmwind an die Scheibe klopfen" (V. 5). Der „Lindenbaum" (V. 6), der einst so lebhaft war, verwandelt sich zu einem Baum, auf dem „stumm und düster eine Krähenschar" (V. 7) sitzt. Diese Metaphorik in dunklen Tönen und Farben steht für die Beschwernisse des Alterns. Die rhetorische Frage „Hörst du den Regen von den Dächern tropfen?" (V. 8) bekräftigt, dass sich keiner diesen Wahrnehmungen und Entwicklungen entziehen kann. In der dritten Strophe kehrt das lyrische Ich zur realen Wahrnehmung zurück: Es sieht seinen Partner im Spiegel (vgl. V. 11). Dieser Partner scheint das Unausweichliche anzuerkennen: „Ja, so wird es sein." (V. 12). Auffällig ist, dass die Kommunikation der beiden non-verbal erfolgt. Dies deutet auf die innere Übereinstimmung beider Partner hin, könnte aber auch die Angst zum Ausdruck bringen, die möglicherweise bittere Wahrheit auszusprechen. In der vierten Strophe zeigt sich die Verlustangst des angesprochenen Du. Es fragt das lyrische Ich: „Läßt mich die Nachtigall im Herbst allein?" (V. 14). Hier erscheint erneut die das Gedicht durchziehende Naturmetaphorik. Deutlich formuliert das lyrische Ich seine Antwort: „Wir sind zu zwein." (V. 16). Dieser Zusammenhalt wird in dieser Strophe auch durch den Einsatz des Kreuzreims verstärkt, in dem sich die Reime regelrecht verknüpfen. Zudem wird durch den Ausruf „Kommt, Wind und Regen, kommt!" (V. 16) die Unsicherheit des Du aufgehoben und ihm die Zuverlässigkeit und das Selbstbewusstsein des lyrischen Ich übermittelt. Die letzte Strophe zeigt, wie das lyrische Ich durch einen Kuss seine Treueversprechen besiegelt. Der einzelne Paarreim veranschaulicht die Zusammengehörigkeit der beiden Personen auf formaler Ebene.
Die formale Struktur des Gedichts stützt generell die inhaltlichen Aussagen. Der ständige Wechsel des Reimschemas ist nicht zufällig. Im ersten Teil unterstreicht der Wechsel des Reimschemas den Wechsel der Lebensphase. Im zweiten Teil symbolisiert der strophenübergreifende Kreuzreim den Zusammenhalt der Partner. Der Paarreim am Schluss veranschaulicht die Zusammengehörigkeit des Paares. Auch die Wahl der Naturbilder für den nahenden Alterungsprozess fügt sich in die inhaltliche Aussage nahtlos ein, sodass sich sowohl in inhaltlicher als auch formaler Hinsicht ein harmonisches Gedicht ergibt.
b) Das Gedicht „Einer Jungfrawen Klage vber nahendes Alter" wurde im Jahr 1624 von Martin Opitz verfasst und ist dem Gedicht von Kaléko inhaltlich ähnlich, birgt aber eine andere Kernaussage. Auch dieses Gedicht beklagt das nahende Alter; während jedoch in Kalékos Gedicht die anfänglich negative durch eine spätere optimistischere Sicht abgelöst wird, verharrt Opitz' Gedicht im resignativen Tonfall. Formal unterscheidet sich Opitz' Gedicht durch seinen Aufbau. Es handelt sich um ein Sonett, das klassisch aus zwei Quartetten und zwei Terzetten besteht und im Alexandriner verfasst ist, also einem sechshebigen Jambus mit einer Zäsur nach der dritten Hebung.
Inhaltlich gesehen vergleicht das lyrische Ich bei Opitz die eigene Jugend mit dem (nahenden) Alter und betrauert, die

Zeit der Schönheit nicht genügend genutzt zu haben. Die Opitz'sche Benennung als „Jungfraw" könnte als Hinweis auf ihre Ehelosigkeit gedeutet werden. Die Reflexion der Vergänglichkeit der Schönheit resultiert bei ihr schließlich in resignativer Todessehnsucht.
Die Vergänglichkeit der Schönheit (und des Lebens) wird in beiden Gedichten durch Naturmetaphern dargestellt – bei Kaléko sind es die Jahreszeiten, bei Opitz ist sind es die Rose und der Tag-Nacht-Wechsel mit seinen Naturphänomenen. Bedeutender Unterschied beider Gedichte ist, dass im Opitz-Gedicht das „Du" fehlt. Die „Jungfraw" bleibt mit ihrer Trauer allein. Im Kaléko-Gedicht dagegen ist das lyrische Ich eingebunden in eine innige Partnerschaft. Die Vergänglichkeit der Schönheit kann bei Kaléko die Lebensgemeinschaft der beiden nicht gefährden. Das Alter wird wahrgenommen, angenommen und führt nicht wie im Opitz-Gedicht zur resignativen Selbstaufgabe.

Aufgabe 3

Beide Gedichte weisen eine gewisse Aktualität auf. Die Frage, in welcher Weise das Altern angenommen oder ihm resignativ begegnet wird, hat noch nie größere Aktualität besessen als in unseren Tagen. Verursacht durch den demografischen Wandel, den ein Absinken der Geburtenrate seit den 60er Jahren hervorgerufen hat, wird die Zahl älterer Menschen in unserer Gesellschaft noch einige Jahre lang stetig zunehmen.
Viele Modelle für den individuellen Umgang mit dem eigenen Altern stehen zur Verfügung. An die Stelle der Opitz'schen Resignation tritt heute oftmals eine Art von Verdrängung: Es wird versucht, das Alter zu leugnen, die Jugendlichkeit möglichst lange zu bewahren oder zurückzugewinnen. Zunehmender Schönheitswahn zeigt sich in der wachsenden Anzahl kosmetischer Operationen. Ein souveräner Umgang mit dem Älterwerden, wie ihn das Gedicht von Kaléko nahelegt, hat hier sicher Vorbildcharakter.
Während Opitz in seinem Gedicht formal im Gerüst des Sonetts sowie in negativen Gedanken verharrt, will Kaléko, formal unterstützt durch wechselnde Reimformen, mit ihrer Dichtung verdeutlichen, dass die Schrecken des Alterns durch verständnisvolle Zweisamkeit gemildert werden können. In diesem Sinne beendet Kaléko das Gedicht mit einer positiven, hoffnungsvollen Stimmung. Ein Schluss, der auch den Leser in eine positive, optimistische und anrührende Stimmung versetzt.

Seite 73

Textrevision:

Eine Aneinanderreihung von Stilmitteln ohne Beleg am Text und Interpretation jedes einzelnen rhetorischen Mittels ist nicht aussagekräftig.

Kapitel 8 · Interpretation von dramatischen Texten

Seite 77

Aufgabe 2

- Das Drama spielt im griechischen Theben. Antigone und Ismene sind nachts aus dem Palast getreten, um ungestört miteinander reden zu können. Die Atmosphäre ist düster und bedrückend. Etwas Trauriges und sehr Tragisches ist geschehen.
- Antigone und Ismene sind Schwestern. Sie beklagen den Tod ihrer beiden Brüder, die im Krieg gefallen sind. Als Töchter des Ödipus haben sie in ihrer Familiengeschichte bereits häufige Schicksalsschläge erleiden müssen.
- Antigone möchte aus tiefer religiöser Überzeugung heraus, dass Ismene bei der Bestattung des Bruders Polyneikes hilft. Doch diese lehnt ab. Sie fürchtet den Zorn des neuen Herrschers Kreon, der die Beerdigung verboten hat. Zwischen den Schwestern bahnt sich ein Konflikt an, denn Antigone ist bereit, die für die Beerdigung ausgesetzte Todesstrafe hinzunehmen.

Aufgabe 3

Die Trägodie „Antigone" wurde um das Jahr 442 v. Chr. von Sophokles verfasst. Sie zeigt einen Konflikt zwischen zwei Menschen, die sich von widersprüchlichen Prinzipien leiten lassen. So geht es um die Verletzung staatlichen Rechtes auf der einen und die Anforderungen der Familie und des Göttlichen auf der anderen Seite.
Im vorliegenden Dramenauszug trifft Antigone auf ihre Schwester Ismene. Antigone hat erfahren, dass ihre Brüder in der entscheidenden Schlacht um Theben ums Leben gekommen sind. Einer der Brüder, Eteokles, soll ein Begräbnis bekommen, da er als Held gefallen ist. Dem Bruder Polyneikes wird dieses versagt, da er sich gegen die Stadt gewandt hat. Antigone will sich mit dieser Entscheidung Kreons, des neuen Herrschers über Theben, nicht abfinden und bittet ihre Schwester Ismene um Hilfe, die Beerdigung trotz staatlichen Verbots durchzuführen. Doch sie erhält eine Absage. Antigone wird schließlich bei der Durchführung von Beerdigungsritualen überführt und von Kreon zum Tode verurteilt. Haimon, Kreons Sohn und Antigones Verlobter, versucht seinen Vater umzustimmen, doch ohne Erfolg. Antigone wird in ein Felsengrab gebracht werden, um dort zu verhungern. Der blinde Seher Teiresias schließlich bringt Kreon zur Besinnung, indem er ein unvermeidliches Unglück prophezeit. Kreon versucht letztendlich, alles rückgängig zu machen. Als er jedoch in der Grabkammer ankommt, hat Antigone sich bereits erhängt und auch sein Sohn Haimon hat sich getötet. Eurydike, Kreons Frau, scheidet daraufhin ebenso freiwillig aus dem Leben und Kreon bleibt allein zurück.

Seite 78

Aufgabe 1

Antigone		
Deutung (Charakteristika)	**Textbelege**	**Besonderheiten in der Sprache**
Familie und Familienehre sind für sie höchste Werte	*„mein eigen Blut“ (Z. 3),* *„unser beider Leben“ (Z. 5)* *„unsern Lieben“ (Z. 12)*	Wiederholung der Possessivpronomina
Ausdruck der familiären Verbundenheit	*„Ja, meinen Bruder, und versagst du dich, Auch deinen.“ (Z. 57 f.)* *„Er darf mich von den Meinen doch nicht trennen.“ (Z. 62)*	Substantivierte Possessivpronomina
Impulsiver Versuch, Wut in der Schwester zu schüren	*„... Bist du edel Geboren oder schlugst du aus der Art.“ (Z. 43)*	Rhetorische Frage
Ausdruck von eigener Wut und Entschlossenheit	*„Ich heiß dich nicht mehr.* *Und wenn du noch wolltest, ...“ (Z. 85 f.)*	Schlagabtausch mit syntaktisch kurzen Sätzen in schnellem Sprechtempo
Distanzierung von Ismenes Werten	*„Das sei dein Vorwand ...“ (Z. 99)*	Konjunktiv zeigt innere Distanzierung
Zieht das Gesetz der Götter dem staatlichen Recht vor	*„Auf die es ankommt, die weiß ich mir hold ...“ (Z. 114)*	Appell an höhere Autoritäten
Unbeweglich in ihren Prinzipien	*„Das sage nicht, sonst müsste ich dich hassen, und auch des Toten Hass verdientest du ...“ (Z. 122 f.)*	Emotionales Argumentieren mit Wortwiederholung (hassen, Hass)
Die Umsetzung ihrer Wertvorstellungen verfolgt sie unbeirrbar, willensstark, angstfrei	*„Und wenn ich dafür sterbe, das ist schön ...“(Z. 89)* *„Auch das Schlimmste, was ich muss leiden, ist ein schöner Tod.“ (Z. 125 f.)*	Kontrastbildung: schönes Sterben mehr Redeanteile
Ismene		
Ausdruck von Angst, Vorsicht, Ablehnung	*„... doch der Stadt zum Trotz zu handeln, hab ich nicht die Kraft.“ (Z. 96 f.)* *„Unglückliche, wie hab ich Angst um dich.“ (Z. 102)* *„Unmögliches soll man auch nicht beginnen.“ (Z. 120)*	hoher Anteil von verneinenden Begriffen Wiederholung von Wörtern mit der Vorsilbe „un-“ („Unglückliche, Unmögliches“)
Ausdruck von Unsicherheit	*„Was für ein Wagnis kommt dir in den Sinn? (Z. 51)*	hoher Fragenanteil
Verfolgt weltlich-gesetzliche Normen	*„Der Stärkere hat über uns Gewalt.“ (Z. 78)*	resignatives Argumentieren
Warnung an Schwester	*„Vermessne! Kreon hat es untersagt ...“ (Z. 60)*	Emotionaler Ausruf („Vermessene“) mit negativer Semantik
Das Einhalten des Gesetzes steht bei ihr an oberster Stelle; ordnet sich als Frau Kreon und männlicher Dominanz unter	*„Wie schlimm wir enden, wenn wir dem Gesetz zum Trotz der Herrscher Machtwort übertreten! Wir müssen einsehen, dass wir Frauen sind ...“ (Z. 74 ff.)*	Negatives Zukunftsszenario, verstärkt durch Alliteration und Wiederholung des „wir“; Appell an Schwester unter Betonung der gemeinsamen weiblichen Rolle (doppeltes „wir“). weniger Redeanteile

b) Antigone hat die dominante Rolle in dieser Unterhaltung; sie lenkt und treibt von Anfang an das Gespräch voran. Sie ist unbeirrbar in ihrem Entschluss, den Bruder zu beerdigen. Insgesamt gesehen ist Antigone eine starke Figur, die unbeeinflussbar ihren Weg geht und bereit ist, für ihr Handeln den Tod in Kauf zu nehmen. Ismene hingegen ist schwächer und voller Ängstlichkeit. Sie handelt überlegter, weniger impulsiv und ist eher den Obrigkeiten hörig. Sie betont ihre Rolle als Frau sehr, die sie in ihrer Handlungsfähigkeit einschränkt. Dies akzeptiert sie durchaus.

c)

	Antigone	Ismene
Dominanz	Antigone ist dominanter und in der Offensive, ...	..., während Ismene aus der Defensive heraus argumentiert.
Redeanteile	Antigone hat mehr Redeanteile.	Ismene ist mit Ausnahme eines längeren Redeflusses eher die Reagierende.
Verlauf	Am Anfang verläuft das Gespräch in herzlicher Verbundenheit zwischen den beiden Schwestern. Die Gesprächsatmosphäre entwickelt sich zusehends gefühlsbetonter, kippt in dem Moment, als sich herausstellt, dass Antigone und Ismene verschiedene Handlungsoptionen präferieren.	
Störung	Die Störung in der Kommunikation tritt dadurch auf, dass Ismene nicht so regiert, wie Antigone es erwartet oder erhofft hat. Die Emotionalität steigt.	

Seite 81

Aufgabe 3

	Brecht: Die Antigone des Sophokles
In welchen Kriegsphasen spielen die Handlungsstränge?	Vorspiel: 1945; Antigone-Handlung spielt zur gleichen Zeit wie das Original von Sophokles. Kreon ist der neue Herrscher von Theben; er hat sich im Krieg durchgesetzt
Schauplätze der Handlungssequenzen	Vorspiel: Berlin Antigonehandlung: Theben
Charakter Kreons	hart, brutal, unerbittlich, mit festen Vorstellungen, mächtig und machtbesessen; für ihn steht das Staatsinteresse über familiären oder religiösen Prinzipien
Charakter Antigones	willensstark, impulsiv, im Denken festgelegt, will eher den Göttern dienen als dem Gesetz, Familie und Familienehre sind ihr wichtig, direkt in ihrer Sprache; die Umsetzung ihrer Wertvorstellungen verfolgt sie unbeirrt.
Charakter Ismenes	denkt über die Konsequenzen ihrer Handlungen nach, ängstlich-vorsichtig, handelt nach weltlichen Normen, fügt sich staatlicher Autorität, empfindet sich als Frau prinzipiell in der schwachen Position
Herrschende Atmosphäre	düster, traurig; voller Blutmetaphorik

Seite 82

Aufgabe 4

a) Brechts Antigone wurde 1948 aufgeführt. Das Vorspiel ließ er 1945 spielen, um dem Zuschauer die Illusion zu nehmen, die antiken Handlungsstränge spielten in historisch weiter Ferne und hätten keine Relevanz für die Gegenwart.

b) Durch den antiken Rahmen verhindert Brecht, dass sich die Zuschauer mit den Figuren identifizieren. Gleichzeitig kann er dadurch Hitler in einen Vergleich zum antiken Tyrannen Kreon setzen.

c) Kreon ist ein Machtmensch, der Schwäche nicht toleriert – daher tötete er auch Polyneikes eigenhändig, als dieser nach dem Tod seines Bruders (auch Polyneikes kämpfte auf der Seite Thebens) weinend aus der Schlacht reiten will. Das Motiv für den Krieg war ein rein wirtschaftliches: Es ging um den Besitz ertragreicher Erzgruben.

Aufgabe 5

	Gemeinsamkeiten	Unterschiede	
		Sophokles	Brecht
Thema		Auseinandersetzung mit Wert- und Moralvorstellungen	Kritik an imperialistischem Krieg, der aufgrund wirtschaftlicher Interessen geführt wird
Handlung	Antigone-Handlung identisch		direktere Darstellung; mehr Informationen bereits am Anfang
Figuren	• Antigone: insgesamt von der Anlage her ähnlich • Ismene: in der Anlage ähnlich	• Polyneikes kämpfte für die gegnerische Seite	• zusätzliche Figuren von 1945 im Vorspiel • Antigone schildert die Kriegserlebnisse ausführlicher und anklagend • Kreon: brutaler; hat Polyneikes eigenhändig getötet; seine wirtschaftlichen Interessen treten deutlicher in den Vordergrund; • Polyneikes kämpfte auf der Seite Thebens
Atmosphäre	düster, tragisch		durch das Grauen des Vorspiels und die Blutmetaphorik noch düsterer
Sprache	sehr gewählt; poetische, ungewohnte Sprachform		durch das Vorspiel auch heutiger Sprachgebrauch vorhanden; im Antigone-Teil archaische Kunstsprache
Rolle des Zuschauers		Identifikation mit der Heldin Antigone	kritischer Beobachter

Seite 83

Aufgabe 1
Visualisieren Sie die Punkte der Tabelle.

Aufgabe 2
[...] Während bei Sophokles Polyneikes auf der gegnerischen Seite kämpft, kämpft er bei Brecht genau wie sein Bruder Eteokles auf der Seite Thebens. Nachdem Eteokles gefallen ist, wendet sich Polyneikes bei Brecht vom Kriegsgeschehen ab und wird daraufhin von Kreon eigenhändig getötet. Er ist bei Brecht ein „Deserteur", auch wenn er weinend über den Verlust seines Bruders das Schlachtfeld verlässt. Bei Sophokles dagegen ist er ein Feind Thebens. Daher töten sich im antiken Drama die Brüder auch gegenseitig im Kampf.

Aufgabe 3
Ein Grund könnte sein, dass er so die Sinnlosigkeit kriegerischen Handelns besser aufzeigen konnte, indem er Kreon noch stärker als gewalttätigen Tyrannen zeichnet, der einen Fliehenden der eigenen Kriegspartei eigenhändig ermordet und sich in diesem Handeln wenig von dem Despoten Hitler unterscheidet.

Aufgabe 4
Erwartungshorizont:
- Antigone: Sie ist in beiden Versionen charakterlich ähnlich angelegt, jedoch handelt sie bei Brecht aus politischen und gesellschaftlichen Zwängen heraus, während sie bei Sophokles eine individuelle Figur ist, die aufgrund starker familiärer Bindung und religiöser Überzeugung agiert.
- Kreon: In beiden Stücken ist er der grausame Herrscher, der sich um wirtschaftliche Interessen kümmert und nicht um gängige Wertvorstellungen oder familiäre Verbundenheit. Bei Brecht verstärkt das Vorspiel noch die Kritik am Despotentum.
- Die verschiedenartige Struktur beider Stücke ist darzustellen und die daraus resultierende unterschiedliche Anlage von Figuren wie Polyneikes oder Eteokles.
- Das Vorspiel ist in seiner Funktion und Aussage zu interpretieren. Es zerstört im Sinne des Verfremdungseffektes die Illusion, der man sich bei Sophokles hingeben kann, und stellt eine Parallele zwischen antiker Welt und Hitlerzeit her.

Seite 84

Textrevision:
Kommentare: Wertungen in der Einleitung sind nicht gewünscht. Das Thema wird zu ausführlich und zu sehr auf der Inhaltsebene beleuchtet. Die Wortwahl „Stück" für Sophokles Werk ist unpassend – es müsste „Tragödie" heißen. Ebenso fehlt die Überleitung zum Hauptteil.

Muster:
Die antike Tragödie „Antigone" von Sophokles wurde um das Jahr 442 v. Chr. das erste Mal aufgeführt. Zwei Hauptpersonen sind zentral für das Verständnis des Stückes. Da ist auf der einen Seite Kreon, tyrannischer Herrscher über Theben, der sein Machtspektrum selbstherrlich ausnutzt und dabei humane Werte negiert. Auf der anderen Seite steht Antigone,

Tochter des Ödipus. Sie vertritt menschlich-familiäre und religiöse Prinzipien in äußerster Konsequenz. Aufgrund ihrer gegensätzlichen Werteinstellungen geraten Kreon und Antigone in einen für beide existenziellen Konflikt. Sophokles lässt beide daran scheitern und zeigt so, dass das starre Festhalten an Wertmaßstäben, wie immer positiv sie im Falle Antigones auch sein mögen, dem Menschen keinen Nutzen bringt. Im Einzelnen lässt sich dies folgendermaßen nachweisen.

Kapitel 9 · Gestaltendes Interpretieren von Literatur

Seite 86

Aufgabe 1
Krieg um Theben; Eteokles und Polyneikes haben sich gegenseitig umgebracht; Polyneikes kämpfte auf der gegnerischen Seite; Kreon ist neuer Herrscher über Theben; Eteokles bekommt ein Begräbnis; Polyneikes soll als Verräter unbegraben bleiben. Antigone will Polyneikes trotz Verbots begraben; sie bittet ihre Schwester Ismene um Hilfe, doch diese verweigert die Unterstützung.

Aufgabe 2
Siehe dazu Lösungen in Tabelle zu S. 78, Aufgabe 1

Aufgabe 3
Unverständnis und Ärger über Ismenes „Absage“; Enttäuschung; Stolz und Willenskraft, die Beerdigung alleine zu vollziehen und dem Tod dafür ins Auge zu blicken; Pflichtgefühl dem Bruder gegenüber und den Ahnen, Ergebenheit gegenüber den Göttern und ihren Gesetzen; Missachtung von Kreons Anweisungen und Abscheu vor seiner Brutalität

Seite 87

Aufgabe 1

Äußerungen Antigones	Äußerungen Ismenes
„Des Polyneikes armer Leichnam aber darf nicht beweint und nicht begraben werden“ „Und unbestattet soll man ihn den Vögeln, sie lauern schon, zum üppigen Fraße lassen!“ „Nun wirst du zeigen, bist du edel geboren oder schlugst du aus der Art.“ „Ob deine Hand mit mir den Toten birgt.“ „Ja, meinen Bruder, und versagst du dich, auch deinen.“ „Ich heiß dich nicht mehr. Und wenn du noch wolltest, mich könnte deine Hilfe nicht mehr freun.“ „Und wenn ich dafür sterbe, das ist schön.“ „Auf die es ankommt, die weiß ich mir hold.“ „Das sage nicht, sonst müsste ich dich hassen, und auch des Toten Hass verdientest du.“ „Auch das Schlimmste, was ich leiden muss, ist ein schöner Tod.“	„Begraben willst du ihn, trotz dem Verbot!“ „Vermessene! Kreon hat es untersagt!“ „Bedenk, wie schlimm wir enden, wenn wir dem Gesetz zum Trotz der Herrscher Machtwort übertreten!“ „Wir müssen einsehen, dass wir Frauen sind, mit Männern uns zu messen nicht bestimmt.“ „Ich füge mich der Obrigkeit.“ „Mir gilt es nicht verächtlich, doch der Stadt zum Trotz zu handeln, hab ich nicht die Kraft.“ „Heiß wallt dein Herz bei schauerlichem Werk.“

Aufgabe 2
Ismene ist so ängstlich und unterwürfig der Obrigkeit! Ich kann sie nicht verstehen.
Mein Vorhaben steht fest. Ich lasse mich nicht davon abbringen.
Polyneikes verdient eine Beerdigung, weil er mein Bruder ist, ehrenhaft gehandelt hat und ins Totenreich einziehen muss.

Aufgabe 3
- Antigone ist wütend auf Ismene und deren abweisende Reaktion.
- Antigone rechtfertigt sich, indem sie ihr Pflichtgefühl gegenüber ihrem Bruder, der Familie und den Göttern noch einmal verbalisiert.
- Sie verurteilt Kreon und sein hartherziges Begräbnisverbot.
- Antigone bestärkt sich selbst darin, ihren Plan durchzuführen.
- Sie setzt sich innerlich mit der möglichen Konsequenz ihres Handelns, dem Tod, auseinander.

Seite 88

Aufgabe 4
Siehe Lösungen zu Kapitel 8

Aufgabe 5
Erwartungshorizont:
Zum Inhalt: Klar zu formulieren ist das Unverständnis Antigones ihrer Schwester gegenüber, die keinen Drang verspürt, trotz Verbots ihren Bruder angemessen zu bestatten und ihm damit den würdevollen Übertritt ins Jenseits zu ermöglichen. Sie erwartet mehr Familienloyalität und Mut von ihrer Schwester; das Begräbnis des Bruders sollte in ihren Augen nicht in Frage gestellt, sondern selbstverständlich sein. Antigone distanziert sich von Ismenes Selbstbild als

schwache Frau; sie lehnt dieses Rollenverständnis für sich kategorisch ab. Sie fühlt sich allein gelassen von ihrer letzten nahen Verwandten und empfindet deshalb sowohl Wut als auch Trauer. Vor sich begründet sie ihre geplante Tat noch einmal mit ihrem Pflichtgefühl der Familie gegenüber, mit der Liebe zu ihrem Bruder und der moralischen Verpflichtung, das Begräbnis zu vollziehen, um die Götter gnädig zu stimmen und ihrem Bruder den Übergang ins Jenseits zu ermöglichen. Sie ist erzürnt Kreon gegenüber, ob seines hartherzigen und tyrannischen Begräbnisverbots. Sie geht aus dieser Situation jedoch gestärkt hervor und spricht sich Mut zu, das Grabesritual auch ohne die Hilfe Ismenes zu bewältigen.
Zur Form: Der Text sollte dem Theaterstück entsprechend geschrieben sein; also nicht in Prosa; spärlicher Einsatz von Regieanweisungen, da auch Sophokles sehr sparsam damit umgeht; keine beschreibenden Passagen und kein Erzähler.
Zur Sprache: Die Sprache des Sophokles sollte in den Grundzügen weitergeführt werden. Natürlich kann niemand exakt so schreiben wie Sophokles; es ist aber darauf zu achten, dass die Sprache nicht salopp, umgangssprachlich ist, sondern gewählt. Zu beachten ist auch, dass nicht übertrieben „schwülstig" formuliert wird.

Seite 89

Textrevision:
„Meine liebe Schwester Ismene, sie enttäuschte mich doch sehr."
„Wie kann die liebe Schwester so fremd mir werden?"
„Der Mut verließ sie, oder besaß sie nie welchen? Täuschte ich mich so in ihr?"
„Mein Plan steht fest, ich werde ihn vollbringen."

Kapitel 10 · Zitieren, Bibliografieren und Operatoren

Seite 91

Aufgabe 2
Der Vater behauptet, Eduard sei sein einziger Sohn gewesen. Er würde es nicht begreifen. Sie gingen durchs Haus und flüsterten viel, seine Mutter und seine Schwester. Wenn er heimkäme, würden sie verstummen.
Die Mutter meint, Edi sei ihr Junge gewesen, viel zu ernst sogar für sein Alter, und er sei es von Kind an gewesen. Sie habe ihn nur selten lachen gesehen. Denn, obwohl es schien, als flatterte er jedem Winde nach, sei er doch jedes Mal mit einem Ernst am Werk gewesen, der ihr Sorgen bereitet habe und ihn besessen gemacht habe.

Aufgabe 3
„Er [Eduard, d. Verf.] war mein Sohn. Ich [der Vater, d. Verf.] begreife es nicht. Wenn ich heimkomme, verstummen sie [die Mutter und die Schwester, d. Verf.]. [...]"
Zweites Zitat: s. Aufgabe 2

Seite 92

Aufgabe 1
Schulz-Hamann, Martina (Hrg.): *Das Deutschbuch. Berufliches Gymnasium/Fachgymnasium. Prüfungsvorbereitung. Arbeitsheft mit Lösungen.* Berlin: Cornelsen 2011, S. 91
Schulz-Hamann, M. (Hrg.) (2011). *Das Deutschbuch. Berufliches Gymnasium/Fachgymnasium. Prüfungsvorbereitung. Arbeitsheft mit Lösungen.* Berlin: Cornelsen, 91.

Aufgabe 2
z. B.: Berlinghof, Harald: *Die Welt im Wohnzimmer*, in: *Rhein-Neckar-Zeitung,* 25.04.2006. S. 133–135

Seite 93

Revision: Ein Literaturverzeichnis überarbeiten
Hahn, Ulla: *Unscharfe Bilder.* München: dtv 2007, 3. Auflage, S. 30
Heller, Eva: *Wie Werbung wirkt: Theorie und Tatsachen.* Frankfurt a.M.: Fischer 1996, S. 107 f.
Schulz-Hamann, Martina (Hrg.): *Das Deutschbuch. Berufliches Gymnasium/Fachgymnasium. Prüfungsvorbereitung. Arbeitsheft mit Lösungen.* Berlin: Cornelsen 2011
Treiber, Jutta: RAZ COM. In: http://www.juttatreiber.com/buecher/textproben.htm [Abruf 14.4.2009]

Operatoren

Seite 95

Aufgabe 1a) und b)

Operator	Bedeutung	Anforderungsbereich
gestaltend interpretieren	Eine produktive Idee in Umrissen darlegen	III
entwerfen	Die Besonderheiten einer Textvorlage erfassen und in der eigenen Textproduktion berücksichtigen	III
zusammenfassen	Wesentliche Aussagen mit eigenen Worten komprimiert und strukturiert wiedergeben	I
auswerten	Wesentliche Ergebnisse zu einer Gesamtaussage zusammenführen	II